PUNTOS DE VISTA

Puntos de vista

VOCES DE ESPAÑA E HISPANOAMÉRICA

SOLOMON TILLES
University of Connecticut

Harper & Row, Publishers
New York / Evanston / San Francisco / London

PUNTOS DE VISTA
Voces de España e Hispanoamérica

Copyright © 1971 by Solomon Tilles
Printed in the United States of America. All rights reserved. No part of this book may be used or reproduced in any manner whatsoever without written permission except in the case of brief quotations embodied in critical articles and reviews. For information address Harper & Row, Publishers, Inc., 49 East 33rd Street, New York, N.Y. 10016.

Standard Book Number: 06-046625-1

Library of Congress Catalog Card Number: 70-132662

CONTENTS

INTRODUCTION, vii
SUGGESTED STUDY TOPICS AND BIBLIOGRAPHY, xi

1. **José Ortega y Gasset**
   El hecho de las aglomeraciones, 1
2. **José Antonio Primo de Rivera**
   Discurso de la fundación de Falange española, 15
3. **Manuel García Morente**
   Concepción hispánica de la vida, 31
4. **José Manuel Rodríguez Delgado**
   Materia, mente y cerebro, 47
5. **Julián Marías**
   Reflexiones sobre los Estados Unidos, 61
6. **Daniel Cosío Villegas**
   México y Estados Unidos, 77
7. **Luis Quintanilla**
   El diablo gótico, 93
8. **Gonzalo Báez-Camargo**
   El comunismo, según el marxismo clásico, 107
9. **Fidel Castro**
   Autocrítica de la revolución cubana, 123
10. **José Comblín**
    Socialización y libertad en América Latina, 141

11. **Alfonso Caso y Andrade**
    ¿El indio mexicano es mexicano?, 157

12. **Domingo Faustino Sarmiento**
    *Facundo, civilización y barbarie, vida de
    Juan Facundo Quiroga*, 171

SPANISH–ENGLISH VOCABULARY, 187
ENGLISH–SPANISH VOCABULARY, 201

INTRODUCTION

General Philosophy

The serious student today demands, rightly, that his studies make a lasting contribution to his life. In a language course this means more than mere mastery of the mechanics of grammar or a casual exposure to literature. It means involvement with the ideas and values as well as the language of a people. Through comparison and contrast the student will not only learn about another culture, but will also open to examination many of the values of his own society.

The essays in PUNTOS DE VISTA illustrate some of the ideological preoccupations of the Hispanic world. In choosing them, we have tried to provide a body of ideas and issues that will arouse the student's interest and that will stimulate him to express his own thoughts. A student who has completed one year of Spanish, or its equivalent, should have little difficulty in comprehending the texts and in participating in the various mind-stretching exercises we have devised. These, in turn, will prepare him for the active communication in Spanish which is an ultimate aim of this book.

The Readings

The readings were selected according to the following criteria:
1. They reflect issues or attitudes of major interest in the Spanish-speaking world.
2. They suggest problems or points of view of interest to the American student.
3. They combine brevity and flexibility, so that those which cannot be covered in a single assignment can easily be broken down for multiple assignments.
4. They present no serious difficulty on the linguistic level for a student who has had a year of language study.

The arrangement of the readings represents a compromise between grading by linguistic difficulty and topical grouping. Ortega is given first because he influenced so much of twentieth-century Spanish thought and because reference is made to him in several of the other essays. Grouped with the Ortega selection are two others which treat major aspects of modern Spanish thought: José Antonio, representing the Falange, and García Morente, the spokesman for Catholic traditionalism. Next, the commentary on the human brain and the learning process provides a change of pace, as well as evidence that scientific inquiry is not the exclusive province of the United States. Next are two views of the United States, one by the Spaniard, Julián Marías, and the other by the Mexican, Daniel Cosío Villegas. Another change of mood is found in Quintanilla's exploration of the nature of the Gothic devil. The final groupings deal with Latin American themes. The first of these is a study of the philosophy of Marxism by the Puerto Rican, Báez-Camargo, and the last group presents two views of the need for social revolution in Latin America, one by Fidel Castro on the extreme left and the other by José Comblín, a clergyman teaching in the Universidad Católica de Chile. The two concluding selections deal with somewhat differing views on the problem of assimilation of indigenous elements into a national unity, one by Alfonso Caso, the noted contemporary Mexican sociologist, and the other by Domingo Faustino Sarmiento, the nineteenth-century Argentine Romantic.

The texts have been abridged, but essentially there has been no rewriting or tampering with the original. Where feasible, selections that show contrasting attitudes have been juxtaposed, such as the selections by Fidel Castro and Father Comblín on the need for social revolution in Latin America. Brief introductions in Spanish include explanatory information that can serve as an aid to understanding the selection and biographic information for those authors who have achieved special prominence.

Vocabulary

Vocabulary is treated in a variety of ways.
1. *Vocabulario activo.* An active vocabulary of approximately 20 words precedes each reading. These words have generally been selected on the basis of their potential usefulness in active discussion and in writing compositions on the subject of the selection.

2. *Glosses.* Items have been glossed at the bottom of the page except for cognates, *vocabulario activo,* and the active vocabulary of the first-year text VOCES Y VISTAS.
3. *End vocabulary.* There are both Spanish-English and English-Spanish vocabularies, the former as an aid to reading and the latter as an aid to composition.

*Estudio de palabras**

A section entitled *Estudio de palabras* follows each reading. It is composed of:
1. *Cognados.* A listing of the cognates that appear in the reading, subdivided by parts of speech. These are words that the student will find useful in the preparation of oral or written compositions. They are easily recognizable, and the student should be familiar with them before coming to class.
2. *Palabras derivadas.* A section intended to build vocabulary by illustrating the many words that have related noun, verb, and adjective forms, so that if the student knows only one of these forms he will be able to make an educated guess at the others. Although formal drill of this material is probably not necessary, the student should be encouraged to review this section and to make use of his expanded vocabulary in expressing himself.
3. *Palabras en el contexto.* A group of about ten words, not found in the end vocabulary, whose meaning the student is to derive from the context in which they appear, and which he is then to illustrate with his own sentences.

*Treatment of Grammar: Ejercicios de comprensión**

Specific grammar structures are reviewed by:
1. *Comentario estructural.* Included with each reading, this exercise is generally devoted to a particular structural problem such as the recognition of subjunctive usage, or the difference in effect of the preterit past and the imperfect past, or subject-verb-object word order. The student should be able to explain the usage of certain structures or their effect on the meaning of selected passages.

*Parenthetical numbers in these exercises refer to the text line. In the case of the *cognados,* numbers follow those words for which we felt a reference to context would be helpful in establishing meaning.

2. *Traducción*. For the teacher who prefers to devote some class time to Spanish-English translation as a means of controlling accuracy in reading, there is a *Traducción* section which lists by line number passages with complex constructions or unusual word order. These passages represent only a small portion of the text and they need not require a great deal of time.

Interpretación and Preguntas

These two exercises are included to give the student practice in both oral and aural handling of the main ideas and vocabulary of the reading. The two exercises should be done orally with books closed. They cover the basic points of the reading and most of the active vocabulary. The *Interpretación* exercises are also intended to "stretch" the student's flexibility by giving him practice in manipulating and transforming structural elements. *Preguntas,* consisting of four questions on a short critique of each selection, enable students to develop expertise in close reading and analysis.

The *Puntos de vista*

At key points in each reading, where the author states a significant problem or a new line of thought, a *Punto de vista* points up the problem and suggests to the student a fruitful line of inquiry. Pausing to analyze is a basic procedure in reading and the awareness of problems, relationships, and points of conflict will enhance the student's understanding and evaluation of the text as he continues his reading.

The *Análisis*

One or more of the *Puntos de vistas* may be assigned as composition or discussion topics for a class meeting. The students should come to class with prepared statements. These may vary from a few lines to a paragraph or more, at the discretion of the teacher. With written compositions serving as a basis for discussion, individual students should be called upon to present them orally first, followed by a discussion among members of the class.

SUGGESTED STUDY TOPICS AND BIBLIOGRAPHY

SPAIN

1. The influence of Moorish culture on Spain.
2. The Spanish concept of the "caballero" during the reconquest from the Moors, or as seen in *Don Quijote* or in the Golden Age of the Spanish Empire.
3. The influence of Catholicism on the Spanish way of life.
4. The influence of the Church, politically and economically.
5. The Inquisition.
6. The extent and nature of the Spanish Empire.
7. Reasons for the decline of the Spanish Empire.
8. Relations between Catholic Spain and Protestant Europe.
9. The Spanish Civil War (1936).
10. The nature of Franco Spain.
11. Socialism vs. traditionalism in twentieth-century Spain.

BIBLIOGRAPHY*

Altamira, Rafael, *History of Spain,* tr. by Muna Lee. Van Nostrand, New York (1949).

Atkinson, W. C., *History of Spain and Portugal.* Penguin, New York (1960).

Blanshard, Paul, *Freedom and Catholic Power in Spain and Portugal: An American Interpretation.* Beacon Press, Boston (1962).

Brennan, Gerald, *Spanish Labyrinth: An Account of the Social and Political Background of the Spanish Civil War.* Cambridge University Press, Cambridge (1960).

Castro, Américo, "Algunas observaciones acerca del concepto del honor en los siglos XVI y XVII," in *Semblanzas y estudios españoles.* Princeton University Press, Princeton, N.J. (1956), 319–382.

Castro, Américo, *La realidad histórica de España.* Porrúa, México (1962).

*Generally, the edition given is the most recent.

SUGGESTED STUDY TOPICS AND BIBLIOGRAPHY

Castro, Américo, *Structure of Spanish History*, tr. by E. L. King. Princeton University Press, Princeton, N.J. (1954).

Chapman, Charles E. *History of Spain*. Free Press, New York (1965).

Crow, John A., *Spain: The Root and the Flower*. Harper & Row, New York (1963).

Crozier, Brian, *Franco*. Little, Brown, New York (1968).

Elliot, J. H., *Imperial Spain 1469–1716*. E. Arnold, London (1963).

Ellis, Havelock, *The Soul of Spain*. Houghton Mifflin, New York (1937).

Green, Otis H., *Spain and the Western Tradition: The Castilian Mind in Literature from El Cid to Calderón*, 4 vols. University of Wisconsin Press, Madison (1963–1966).

Hemingway, Ernest, *Death in the Afternoon*. C. Scribner's Sons, New York (1932). (On bullfighting.)

Herr, Richard, *Eighteenth-Century Revolution in Spain*. Princeton University Press, Princeton, N.J. (1958).

Hitti, Philip, *History of the Arabs*. St. Martin's Press, New York (1963).

Hume, Martin A. S., *Spain: Its Greatness and Decay, 1479–1788*. Cambridge University Press, London (1898).

Irving, Washington, *The Conquest of Granada*. Dutton, New York (1930).

Jackson, Gabriel, *The Spanish Republic and the Civil War, 1931–1939*. Princeton University Press, Princeton, N.J. (1965).

Kamen, Henry, *Spanish Inquisition*. New American Library, New York (1966).

Kany, Charles E., *Life and Manners in Madrid, 1750–1800*. University of California Press, Berkeley (1932).

Kenny, Michael, *Spanish Tapestry: Town and Country in Castile*. Harper Colophon, New York (1966).

Lida de Malkiel, María Rosa, *La idea de la fama en la edad media castellana*. Fondo de Cultura Económica, México (1952).

Livermore, Harold, *A History of Spain*. Farrar, Straus, Cudahy, New York (1958).

Lloyd, Alan, *The Spanish Centuries*. Doubleday, New York (1968). (From the Reyes Católicos to the present.)

McKay, John A., *The Other Spanish Christ*. Macmillan, New York (1933). (Religious thought.)

Madariaga, Salvador de, *"Don Quijote": Introductory Essay in Psychology*. Oxford University Press, London (1961).

Madariaga, Salvador de, *Spain*. Praeger, New York (1958).

SUGGESTED STUDY TOPICS AND BIBLIOGRAPHY xiii

Mariéjol, Jean H., *The Spain of Ferdinand and Isabella*, ed. by Benjamin Keen. Rutgers University Press, New Brunswick, N.J. (1961).

Mattingly, Garrett, *The Armada*. Houghton Mifflin, New York (1962).

Mattingly, Garrett, *Catherine of Aragon*. Vintage, New York (1960).

Menéndez Pidal, Ramón, *The Cid and His Spain*. J. Murray, London (1934).

Merrimen, Roger B., *The Rise of the Spanish Empire in the Old World and in the New*, 4 vols. Cooper Square, New York (1962).

Michener, James A., *Iberia: Spanish Travels & Reflections*. Random House, New York (1968).

Parry, J. N., *The Spanish Theory of Empire in the 16th Century*. Cambridge University Press, London (1940).

Peers, E. Allison, *Spain, the Church and the Orders*. Eyre and Spottiswoode, London (1939).

Peers, E. Allison, *The Spanish Tragedy 1930–1936*. Oxford University Press, New York (1936).

Perceval, Michael, *The Spanish: How They Live and Work*. Praeger, New York (1969).

Predmore, R. L., *El mundo del Quijote*. Insula, Madrid (1958).

Pritchett, V. S., *The Spanish Temper*. Chatto and Windus, London (1954).

Souchère, Elena de la, *An Explanation of Spain*. Random House, New York (1964). (Franco Spain.)

Starkie, Walter, *Grand Inquisitor, Being an Account of Cardinal Ximenez de Cisneros and his Times*. Hodder and Stoughton, London (1940).

Thomas, Hugh, *The Spanish Civil War*. Harper & Row, New York (1961).

Turberville, A. S., *The Spanish Inquisition*. Oxford University Press, London (1949).

SPANISH AMERICA

1. The epic personality of the "conquistador."
2. Geographic limitations on continental unity.
3. The influence of faith in the conquest of America.
4. The Indian cultures.
5. The relationship between the "conquistadores" and the Indians:
   a. laws governing
   b. "encomienda" system
   c. social attitudes
   d. "mestizo" as a biological and cultural phenomenon.
6. The organization of colonial society.
7. Causes of independence, ideological and political.
8. Reasons for national disunity and upheaval in most Latin American countries through much of the nineteenth century.
9. Social revolution in Latin America in the twentieth century.
10. Relations between the United States and Latin America (or any one Latin American country) in the twentieth century. Intervention by the United States. Contributions by the United States.
11. The "caudillo" as a personality type and the cultural conditions that make him possible.
12. The efforts of Latin American intellectuals since independence to identify their own cultural personality.

BIBLIOGRAPHY

Aguilar, Alonso, *Panamericanism from Monroe to the Present: A View from the Other Side.* Tr. by Asa Zatz. Monthly Review Press, New York (1968).

Beals, Carleton, *Nomads and Empire Builders: Native Peoples and Cultures of South America.* Chilton, Philadelphia (1961).

Bishop, Jordan, *Latin America and Revolution.* Sheed and Ward, London (1965). (Church.)

Bourne, Edward G., *Spain in America, 1450–1580.* Barnes and Noble, New York (1962).

Burri, R., *The Gaucho.* Crown Publishers, New York (1968).

Cameron, Roderick, *Viceroyalties of the West: The Spanish Empire in Latin America.* Little, Brown, Boston (1968). (Life in colonial Latin America.)

SUGGESTED STUDY TOPICS AND BIBLIOGRAPHY xv

Cole, John P., *Latin America: An Economic and Social Geography.* Butterworth, London (1965).

Collier, John, *The Indians of the Americas.* W. W. Norton, New York (1947).

Considine, John J., *Social Revolution in the New Latin America: A Catholic Appraisal.* Fides Publishers, Notre Dame, Ind. (1965).

Cortés, Hernando, *Five Letters of Cortés to the Emperor.* Norton, New York (1962).

Crawford, William R., *A Century of Latin-American Thought.* Praeger, New York (1966).

Díaz del Castillo, Bernal, *The Conquest of New Spain,* tr. by J. M. Cohen. Penguin Books, Baltimore (1963).

Fuentes, Carlos, and others, *Whither Latin America?* Monthly Review Press, New York (1963).

Furneaux, Robin, *The Amazon: The Story of a Great River.* Putnam's, New York (1969).

Gibson, Charles, *Spain in America.* Harper & Row, New York (1966).

Hanke, Lewis, *Aristotle and the American Indians: A Study in Race Prejudice.* Hollis and Carter, London (1959).

Hanke, Lewis, *Spanish Struggle for Justice in the Conquest of America.* Little, Brown, Boston (1965).

Hardoy, Jorge, *Urban Planning in Pre-Columbian America.* Braziller, New York (1969).

Haring, C. H., *The Spanish Empire in America.* Harbinger, New York (1963).

Herring, Hubert, *History of Latin America,* 2nd rev. ed. Knopf, New York (1968).

Johnson, John, ed., *Continuity and Change in Latin America.* Stanford University Press, Stanford, Calif. (1964).

Kirkpatrick, F. A., *The Spanish Conquistadores.* Meridian, New York (1962).

Krickeberg, Walter, et al, *Pre-Columbian American Religions.* Holt, Rinehart and Winston, New York (1969).

Lanning, John Tate, *Academic Culture in the Spanish Colonies.* Oxford University Press, New York (1940).

León-Portilla, Miguel, *Pre-Columbian Literature of Mexico.* University of Oklahoma Press, Norman (1969).

Lewis, Oscar, *Children of Sanchez.* Random House, New York (1961).

Lewis, Oscar, *Five Families: Mexican Case Studies in the Culture of Poverty.* New American Library, New York (1965). (Mexican sociology.)

Lockwood, Lee, *Castro's Cuba, Cuba's Fidel.* Macmillan, New York (1967).

SUGGESTED STUDY TOPICS AND BIBLIOGRAPHY

McEoin, Gary, *Latin America: The Eleventh Hour.* P. J. Kennedy and Sons, New York (1962). (Church.)

Madariaga, Salvador de, *Fall of the Spanish American Empire,* rev. ed. Collier Books, New York (1963).

Matthews, Herbert L., *The United States and Latin America.* Prentice-Hall, Englewood Cliffs, N.J. (1963).

Mecham, J. Lloyd, *Church and State in Latin America,* rev. ed. University of North Carolina Press, Chapel Hill (1966).

Nichols, M. W., *The Gaucho, Cattle Hunter, Cavalryman, Ideal of Romance,* Duke University Press, Durham, N.C. (1942).

Nicholson, Irene, *The Liberators: A Study of Independence Movements in Spanish America.* Praeger, New York (1969).

O'Gorman, Edmundo, *The Invention of America.* Indiana University Press, Bloomington (1961).

Parry, John H., ed., *Establishment of the European Hegemony: 1415–1715.* Harper Torchbook, New York (1961).

Paz, Octavio, *The Labyrinth of Solitude,* tr. by Lysander Kemp. Grove Press, New York (1962). (Interpretive essays on Mexican national character.)

Perkins, Dexter, *A History of the Monroe Doctrine.* Little, Brown, Boston (1963).

Picón-Salas, Mariano, *A Cultural History of Spanish America: From Conquest to Independence,* tr. by Irving A. Leonard. University of California Press, Berkeley (1966).

Pike, F. B., ed., *The Conflict Between Church and State in Latin America.* Knopf, New York (1964).

Poppino, Rollie, *International Communism in Latin America: A History of the Movement, 1917–1963.* Free Press, New York (1964).

Prescott, William H., *History of the Conquest of Mexico,* abridged ed., University of Chicago Press, Chicago (1966).

Prescott, William H., *History of the Conquest of Peru,* abridged ed. New American Library, New York (1961).

Radler, D. H., *El gringo: The Yankee Image in Latin America.* Chilton, Philadelphia (1962).

Ramos, Samuel, *Profile of Man and Culture in Mexico,* tr. by Peter G. Earle. University of Texas Press, Austin (1963).

Rippy, J. Fred, *Latin America: A Modern History.* University of Michigan Press, Ann Arbor (1958).

Romanell, Patrick, *Making of the Mexican Mind: A Study in Recent Mexican Thought.* University of Nebraska Press, Lincoln (1952).

Séjourné, Laurette, *Burning Water: Thought and Religion in Ancient Mexico.* Grove Press, New York (1960).

Simpson, Lesley B., *Many Mexicos*, 3rd ed. rev. University of California Press, Berkeley (1967).

Steward, Julian H., and Louis C. Faron. *Native Peoples of South America.* McGraw-Hill, New York (1959).

Suárez, Andrés, *Cuba: Castroism and Communism, 1959–1966.* MIT Press, Cambridge (1969).

Tannenbaum, Frank, *Ten Keys to Latin America.* Knopf, New York (1962).

Weckmann, Luis, "The Middle Ages in the Conquest of America," *Speculum*, XXVI (1951), no. 1, 130–141.

West, Robert C., and J. P. Augelli, *Middle America: Its Lands and Peoples.* Prentice-Hall, Englewood Cliffs, N.J. (1966).

Whitaker, Arthur P., ed., *Latin America and the Enlightenment*, 2nd ed. Cornell University Press, Ithaca (1961).

Zea, Leopold, *The Latin American Mind*, tr. by James H. Abbott and Lowell Dunham. University of Oklahoma Press, Norman (1963).

PUNTOS DE VISTA

José Ortega y Gasset

EL HECHO DE LAS AGLOMERACIONES

José Ortega y Gasset (1883–1955), el más grande de los filósofos modernos españoles. Sus ideas sobre el hombre, la sociedad, y la literatura tuvieron enorme influencia en todo el mundo hispánico. "El hecho de las aglomeraciones" es un capítulo de su estudio más importante sobre la sociedad, La rebelión de las masas *(1930). Ortega define la naturaleza del hombre con esta expresión: "yo soy yo y mi circunstancia", es decir, que el hombre es una dualidad inseparable de experiencia del mundo y subjetividad íntima. Su concepción de la literatura se basa en la idea de que el hombre se inventa de nuevo a sí mismo cada día, a medida que sigue evolucionando su percepción de su "yo" y de su "circunstancia".*

VOCABULARIO ACTIVO

acercarse to approach
aparecer to appear
apenas hardly
cambiar to change
crear to create
el derecho right
dirigir to direct, guide, lead
esfuerzo effort
evitar to avoid
exigir to demand

ferrocarril (m.) railroad
gente (f.) people
gozar to enjoy
hecho fact
lograr to achieve, succeed in
medio middle, average
nombre name
obrero worker
playa beach
pretender to claim, attempt

De *La Rebelión de las masas, Obras completas*, v. 4, Revista de Occidente, Madrid, 1947.

Hay un hecho que, para bien o para mal, es el más importante en la vida pública europea de la hora presente. Este hecho es el **advenimiento** de las masas al **poderío** social. Como las masas, por definición, no deben ni pueden dirigir su propia existencia, quiere decirse que Europa sufre ahora la más grave crisis. Esta crisis ha **sobrevenido** más de una vez en la historia y sus consecuencias son conocidas. También se conoce su nombre. Se llama la rebelión de las masas.[1]

Para la **inteligencia** del formidable hecho **conviene** que se evite dar, desde luego, a las palabras "rebelión", "masas", "poderío social", etc., un significado exclusiva o primariamente político. La vida pública no es sólo política, sino intelectual, moral, económica, religiosa; e incluye el modo de vestir y el modo de gozar.

Tal vez la manera mejor de acercarse a este fenómeno histórico consista en referirnos a una experiencia visual, yo la **denomino** el hecho de la aglomeración, del "**lleno**". Las ciudades están llenas de gente. Los hoteles, llenos de **huéspedes**. Los trenes, llenos de viajeros. Los cafés, llenos de consumidores. Las salas de los médicos famosos, llenas de enfermos. Los espectáculos, llenos de espectadores. Las playas, llenas de **bañistas**. Lo que antes no **solía** ser problema, empieza a serlo casi de continuo: encontrar **sitio**.

¿Qué es lo que vemos y al verlo nos sorprende tanto? Vemos la **muchedumbre**, como tal, posesionada de los locales y utensilios creados por la civilización. Apenas reflexionamos un poco, nos sorprendemos de nuestra sorpresa. Pues qué, ¿no es el ideal? El teatro tiene sus localidades para que se ocupen; para que la sala esté llena. Y lo mismo los **asientos** el ferrocarril y sus cuartos el hotel. Sí; no tiene duda. Pero el hecho es

---

advenimiento: coming   **poderío**: power   **sobrevenido**: taken place
inteligencia: understanding   **conviene**: is important   **denomino**: call
lleno: fullness   **huéspedes**: guests   **bañistas**: bathers   **solía**: used to be
sitio: room   **muchedumbre**: crowd   **asientos**: seats

[1] En 1930 casi todo el mundo occidental había pasado o estaba pasando por una gran fermentación socialista, por ejemplo la revolución comunista en Rusia que comenzó en 1917, la mexicana que comenzó en 1910 y la gran popularidad de las ideologías socialistas en Alemania y los Estados Unidos después de la Primera Guerra Mundial.

que antes ninguno de esos establecimientos y vehículos solía estar lleno. Aunque el hecho sea lógico, natural, ha habido un cambio, una innovación, la cual justifica, por lo menos en el primer momento, nuestra sorpresa.

La aglomeración, el lleno, no era antes frecuente. ¿Por qué lo es ahora?

Los componentes de esas muchedumbres no han **surgido** de la nada. Aproximadamente, el mismo número de personas existía hace quince años. Después de la guerra parecería natural que ese número fuese menor. Sin embargo, los individuos que **integran** estas muchedumbres preexistían, pero no como muchedumbre. En pequeños grupos, o solitarios, llevaban una vida divergente, disociada, distante. **Cada cual**—individuo o pequeño grupo—ocupaba un sitio, tal vez el suyo, en el campo, en la **aldea**, en la gran ciudad.

Ahora, **de pronto**, aparecen como aglomeración, y nuestros ojos ven dondequiera muchedumbres. ¿Dondequiera? No, no; precisamente en los lugares mejores, reservados antes a grupos menores, a **minorías**. La muchedumbre, de pronto, se ha hecho visible, se ha instalado en los lugares preferentes de la sociedad. Antes, si existía, pasaba **inadvertida**; ahora es ella el **personaje** principal. Ya no hay protagonistas: sólo hay **coro**.

El concepto de muchedumbre es cuantitativo y visual. Traduzcámoslo, sin alterarlo, a la terminología sociológica. Entonces hallamos la idea de masa social. La sociedad es siempre una unidad dinámica de dos factores: minorías y masas. Las minorías son individuos o grupos de individuos especialmente calificados. La masa es el **conjunto** de personas no especialmente calificadas. No se entienda, pues, por masas, sólo ni principalmente "las masas obreras". Masa es "el hombre medio". De este modo se convierte lo que era meramente cantidad—la muchedumbre—en una determinación cualitativa: es la cualidad común, es el hombre **en cuanto** no se diferencia de otros hombres, sino que repite en sí un tipo genérico. ¿Qué hemos ganado con esta conversión de la cantidad a la cualidad? Muy sencillo. Por medio de ésta comprendemos

surgido: come forth **integran:** make up **cada cual:** each one **aldea:** village
de pronto: suddenly **minorías:** minorities **inadvertida:** unnoticed
personaje: character **coro:** chorus **conjunto:** whole **en cuanto:** in so far as

la génesis de aquella. Es evidente que la formación normal de una muchedumbre implica la coincidencia de deseos, de ideas, de modo de ser en los individuos que la integran. Se dirá que es lo que **acontece** con todo grupo social, por selecto que pretenda ser. **En efecto**; pero hay una esencial diferencia.

En los grupos que se caracterizan por no ser muchedumbre y masa, la coincidencia efectiva de sus miembros consiste en algún deseo, idea o ideal, que por sí solo excluye el gran número. Para formar una minoría, sea la que sea, es **preciso** que antes cada cual se separe de la muchedumbre por **razones** especiales, relativamente individuales. Su coincidencia con los otros que forman la minoría es, pues, secundaria, posterior a haberse cada cual singularizado, y es, por tanto, en buena parte una coincidencia en no coincidir. Este ingrediente de **juntarse** los menos precisamente para separarse de los más va siempre **involucrado** en la formación de toda minoría.

La masa puede definirse, como hecho psicológico, sin necesidad de esperar a que aparezcan los individuos en aglomeración. Delante de una sola persona podemos saber si es masa o no. Masa es todo aquel que no se **valora** a sí mismo—en bien o en mal—por razones especiales, sino que se siente "como todo el mundo" y, sin embargo, no **se angustia,** se siente **a sabor** al sentirse idéntico a los demás. Imagínese un hombre **humilde** que al preguntarse si tiene talento para esto o lo otro, **advierte** que no posee ninguna calidad excelente. Este hombre se sentirá mediocre y **vulgar,** pero no se sentirá "masa".

PUNTOS DE VISTA: 1

¿Cómo define Ortega la masa? ¿Conoce Ud. otros conceptos de masa?

El hombre selecto no es el que se cree superior a los demás, sino el que se exige más que los demás, aunque no logre **cumplir** en su persona esas exigencias superiores. Y es indudable que la división más radical en la humanidad es ésta, en dos

acontece: happens **en efecto:** indeed **preciso:** necessary **razones:** reasons
juntarse: join **involucrado:** involved **valora:** value **se angustia:** feel distressed
a sabor: pleased **humilde:** humble **advierte:** observes
vulgar: common; ordinary **cumplir:** fulfill

clases: las que se exigen mucho y acumulan sobre sí mismas dificultades y **deberes** y las que no se exigen nada especial, sino que para ellas vivir es ser en cada instante lo que ya son, sin esfuerzo de perfección.

PUNTOS DE VISTA: 2

¿Cuál es su definición de la minoría o del hombre selecto? ¿Es diferente de otras concepciones de minoría que Ud. conoce?

La división de la sociedad en masas y minorías excelentes no es, por tanto, una división en clases sociales, sino en clases de hombres, y no puede coincidir con la **jerarquización** en clases superiores e inferiores. Claro está que en las superiores, hay más **verosimilitud** de hallar hombres selectos, mientras las inferiores están normalmente constituidas por individuos sin calidad. Pero, **dentro** de cada clase social hay masa y minoría auténtica. Como veremos, es característico del tiempo el predominio, aun en los grupos cuya tradición era selectiva, de la masa y el **vulgo**. Así, en la vida intelectual, que por su misma esencia requiere y supone la calificación, se advierte el progresivo triunfo de los seudointelectuales incalificados, incalificables y descalificados por su propia contextura. En cambio, no es raro encontrar hoy entre los obreros almas disciplinadas.

Ahora bien: existen en la sociedad operaciones, actividades, del más diverso orden, que son, por su misma naturaleza, especiales, y consecuentemente, no pueden ser bien ejecutadas sin **dotes** también especiales. Por ejemplo: ciertos **placeres** de carácter artístico o las funciones de gobierno. Antes eran **ejercidas** estas actividades especiales por minorías calificadas— calificadas, por lo menos, en pretensión. La masa no pretendía intervenir en ellas: se daba cuenta de que si quería intervenir tendría que **adquirir** esas dotes especiales y dejar de ser masa. Conocía su **papel** en una **saludable** dinámica social.

deberes: duties   **jerarquización:** stratification   **verosimilitud:** likelihood
dentro: within   **vulgo:** common people   **dotes:** endowments
placeres: pleasures   **ejercidas:** exercised   **adquirir:** acquire   **papel:** role
saludable: healthy

PUNTOS DE VISTA: 3

Según el sistema de Ortega y Gasset ¿sería posible distinguir entre los diversos sistemas culturales o sociales por las minorías que afirman o siguen? En los Estados Unidos por ejemplo ¿puede Ud. definir las minorías más importantes de hoy?

Si ahora **retrocedemos** a los hechos enunciados al principio, nos aparecerán inequívocamente como un cambio de actitud en la masa.

Nadie, creo yo, deplorará que las gentes gocen hoy en mayor **medida** y número que antes, ya que tienen para ello el apetito y los medios. Lo malo es que esta decisión tomada por las masas de asumir las actividades propias de las minorías, no se manifiesta, ni puede manifestarse, sólo en el **orden** de los placeres, sino que es una manera general del tiempo. Así, creo que las innovaciones políticas de los más recientes años no significan otra cosa que el **imperio** político de las masas. La vieja democracia vivía **templada** por una abundante dosis de liberalismo y de entusiasmo por la ley. Al servir a estos principios, el individuo se obligaba a sostener en sí mismo una disciplina difícil. Democracia y ley, **convivencia** legal, eran sinónimos. Hoy asistimos al triunfo de una hiperdemocracia en que la masa actúa directamente sin ley, por medio de materiales **presiones**, imponiendo sus aspiraciones y sus gustos. Es falso interpretar las situaciones nuevas como si la masa se hubiese cansado de la política. Todo lo contrario. Eso era lo que antes **acontecía**, eso era la democracia liberal. La masa presumía que, con todos sus defectos, las minorías de los políticos entendían un poco más de los problemas públicos que ella.

PUNTOS DE VISTA: 4

¿Qué comprende el autor por "democracia liberal tradicional"? ¿Cuáles son las minorías que dirigían e inspiraban esa democracia?

---

retrocedemos: go back   **medida:** measure   **orden:** order   **imperio:** rule
templada: tempered   **convivencia:** living together   **presiones:** pressures
acontecía: happened

Ahora, en cambio, cree la masa que tiene derecho a imponer y dar vigor de ley a sus tópicos de café. Yo dudo que haya habido otras épocas de la historia en que la muchedumbre llegase a gobernar tan directamente como en nuestro tiempo. Por eso hablo de hiperdemocracia.

Si los individuos que integran la masa se creyesen especialmente dotados, tendríamos no más que un caso de error personal, pero no una subversión sociológica. *Lo característico del momento es que el **alma** vulgar, sabiéndose vulgar, afirma el derecho de la vulgaridad y lo impone dondequiera.* Como se dice en Norteamérica: ser diferente es indecente. La masa **arrolla** todo lo diferente, individual, calificado y selecto. Quien no sea como todo el mundo, quien no piense como todo el mundo corre **riesgo** de ser eliminado.

PUNTOS DE VISTA: 5

¿Es verdad que en Norteamérica ser diferente es indecente? ¿Esto es verdad por ejemplo en el vestido, en las ideas, o en las costumbres sociales?

Y claro está que ese "todo el mundo" no es "todo el mundo". "Todo el mundo" era, normalmente, la unidad compleja de masa y minorías especiales. Ahora todo el mundo es sólo la masa.

PUNTOS DE VISTA: 6

Ortega lamenta las revoluciones sociales del siglo XX porque ve en ellas la afirmación de la irresponsabilidad de las masas. ¿Es posible que exista un sistema sociopolítico hecho sólo de masa? ¿Cómo sería ese sistema? ¿Lo encontramos hoy en el comunismo de la Unión Soviética o en el de China, o en la democracia de Europa y de los Estados Unidos? ¿Las primitivas comunidades cristianas, o las modernas de los "hippies" son sistemas de masas?

---

alma: soul, person   **arrolla:** crush   **riesgo:** risk

ESTUDIO DE PALABRAS

Cognados

Nombres

civilización
definición
determinación
innovación
operaciones
perfección

coincidencia
consecuencias
diferencia

existencia
experiencia

-dad = -ty
actividad
humanidad
sociedad
unidad

sociología
terminología

Adjetivos

artístico
auténtica (109)
dinámica
económica
genérico
histórico
idéntico
político
psicológico
pública
tópicos

abundante
componentes
distante
divergente

evidente
excelente
frecuente
indecente
preferentes (51)
presente
reciente

constituidas
calificados (59)
disociada (44)
ejecutadas (119)
ejercidas (122)
instalado
reservados
singularizado

Adverbios

-mente = -ly
aproximadamente
directamente

especialmente
meramente
normalmente

precisamente
primariamente

relativamente

Verbos

actuar (143)
acumular
alterar
asumir (133)
caracterizar
coincidir
consistir
convertir
deplorar
excluir
imaginar
implicar

integrar
intervenir
justificar
manifestar
ocupar
poseer (92)
preexistir
presumir
referir
reflexionar (27)
separar
sostener (140)

Palabras derivadas[1]

I

constituir constitución (107)
crear creación *creados* (27)
manifestar manifestación manifiesto (134)
traducir traducción (55)

II[2]

contar cuento *cuenta* (124)
esforzarse *esfuerzo* fuerza (101)
gobernar *gobierno* gobernador (121)
manifestar manifiesto manifestación (134)
sentar *asiento* (30)

III

baño bañar *bañista* (23)
cambio cambiar *en cambio* (128, 115)

[1] The italicized forms are those that appear in the text.
[2] Note that stem changes occur both in noun form and conjugation.

constitución   *constituir* (107)
consumidor   consumir (20)
duda   dudar   *indudable* (31, 96)
ejercicio   *ejercer* (122)
enfermo   enfermar (21)
exigencia   *exigir* (96, 98)
gusto   gustar (144)
lleno (n.)   llenar   *lleno* (adj.) (18, 22)
obra   obrar   *obrero* (115)
poderío   poder (4)
sorpresa   sorprender (28, 25)
triunfo   triunfar   triunfante (142)
vestido   *vestir* (14)
viaje   viajar   *viajero* (20)

IV

acercarse   cerca (16)
deber   *deber* (n.) (99)
espectáculo   *espectador* (22, 22)
hacer   *hecho* (1, 3, 18)
juntarse   junto (81)
ser   ser (n.) (72)
vivir   *convivencia* (141)

Palabras en el contexto

Compruebe el significado de las siguientes palabras en el contexto y luego escriba una oración con cada una de ellas. (Verify the meaning of the following words in context and then write a sentence with each word.)

actuar (143)	excluir (75)	poseer (92)
ejecutadas (119)	manera (16)	reflexionar (27)
ejercidas (122)	medios (132)	sitio (45)
espectadores (22)	modo (14)	sorpresa (35)
establecimiento (32)		

EJERCICIOS DE COMPRENSIÓN

1. Comentario estructural

¿Cuál es el tiempo, el número y el sujeto de los siguientes verbos?

pueden (5)	entienda (60)	aparecerán (128)
quiere decirse (5)	dirá (71)	gocen (130)
esté (30)	haberse	imponiendo (144)
sea (33)	singularizado (80)	hubiese
existía (40)	aparezcan (85)	cansado (145)
parecería (40)	imagínese (90)	haya habido (151)
llevaban (43)	están	llegase (152)
ha hecho (50)	constituidas (107)	creyesen (155)
traduzcámoslo (55)	pretendía (123)	tendríamos (156)

2. Traducción

Líneas: 38–46, 73–78, 87–90, 98–101, 130–135, 150–154.

3. Interpretación

De las tres posibilidades ofrecidas, termine la frase con la que refleje mejor las ideas del autor.

1. Para Ortega, el hecho más importante era...
   a. la rebelión de las masas   b. la crisis de las universidades
   c. la ignorancia del hombre medio
2. En la opinión de Ortega, el grupo que dirigía la sociedad era...
   a. la masa   b. la minoría   c. los obreros
3. Según Ortega, lo que pretendía hacer la masa era...
   a. cambiar la sociedad   b. ganar más dinero   c. imitar a la minoría
4. La masa quería crear...
   a. un mundo perfecto   b. una sociedad sin responsabilidad
   c. una nueva minoría
5. La sociedad es siempre una combinación de...
   a. masas y minorías   b. obreros y capitalistas   c. gente buena y gente mala
6. Lo que hacía la minoría era...
   a. gozar   b. exigirse mucho   c. dominar la política

7. Para ser minoría es necesario...
   a. evitar a los obreros   b. ser rico   c. ser un individuo responsable
8. La división de la sociedad en masas y minorías es una división en...
   a. clases sociales   b. clases de hombres   c. clases universitarias
9. La masa cree que tiene el derecho de...
   a. recibir una educación   b. ganarse la vida   c. imponer sus deseos
10. La gente vulgar quiere que...
    a. todos sean diferentes   b. la sociedad sea vulgar   c. el gobierno sea democrático

4. Preguntas

Conteste las preguntas en términos del enunciado inicial, y de su comprensión del texto.

1. Europa sufre la rebelión de las masas.
   a. ¿Qué hacen las masas?
   b. ¿Qué problema tienen los europeos?
   c. ¿Dónde ocurre esto?
   d. ¿Quiénes causan este problema?
2. Las ciudades españolas, dijo Ortega, estaban llenas de gente.
   a. ¿Quién dijo esto?
   b. ¿A qué ciudades se refiere?
   c. ¿Cuál es la dificultad en estas ciudades?
   d. ¿Qué hace esta gente?
3. En la ciudad, antes de la guerra, los hombres vivían solitarios.
   a. ¿Cuándo vivían los hombres así?
   b. ¿Cómo vivían los hombres entonces?
   c. ¿Dónde vivían estos hombres?
   d. ¿A quiénes se refiere esta observación?
4. Las minorías son individuos o grupos especialmente calificados.
   a. ¿De qué grupo es miembro un individuo especialmente calificado?
   b. ¿La minoría consiste sólo de individuos o también de grupos?
   c. ¿Qué clase de personas son los miembros de la minoría?
   d. ¿Cómo se identifican las minorías?

José Antonio Primo de Rivera

DISCURSO DE LA FUNDACIÓN DE FALANGE ESPAÑOLA

José Antonio Primo de Rivera (1903–1936) fundó la Falange en 1933. Fue **encarcelado** *en 1936, poco antes del comienzo de la Guerra Civil, y fue* **fusilado** *por conspirar contra el gobierno. El partido político Falange Española Tradicionalista, con orientación fascista, propuso un nacionalismo totalitario. Después de la Guerra Civil, en 1939, la Falange* **surgió** *como partido dominante y poco después fue asimilado por el gobierno de Francisco Franco.*

VOCABULARIO ACTIVO

aguantar to endure	*luchar* to fight
el alma (f.) soul	*olvidar* to forget
capaz capable	*partido* party
ciudadano citizen	*patria* country
cumplir to fulfill	*poder (m.)* power
desgraciado unfortunate	*pueblo* people
eficaz efficient	*rodear* to surround
en cambio on the other hand	*sentido* sense
fondo bottom, base	*valor (m.)* value
jerarquía hierarchy	*voluntad* will

encarcelado: imprisoned   **fusilado:** shot   **surgió:** appeared

De *José Antonio y España*, Publicaciones del Servicio Español del Magisterio y Ediciones Prensa del Movimiento, Madrid, 1951, págs. 55–65. El discurso fue pronunciado en el Teatro de la Comedia de Madrid el día 29 de Octubre de 1933.

Cuando en marzo de 1762 Juan Jacobo Rousseau **publicó** *El contrato social*, dejó de ser la verdad política una entidad permanente. Antes, en otras épocas más profundas, los Estados, que eran **ejecutores** de misiones históricas, tenían **inscritas** sobre sus **frentes** la justicia y la verdad. Juan Jacobo Rousseau vino a decirnos que la justicia y la verdad no eran categorías permanentes de razón, sino que eran, en cada instante, decisiones de voluntad.

PUNTOS DE VISTA: 1

Según Juan Jacobo Rousseau, "la justicia y la verdad no son categorías permanentes de razón sino que son, en cada instante, decisiones de voluntad". ¿Está Ud. de acuerdo? ¿La justicia y la verdad son conceptos universales, como por ejemplo en el sistema católico, o son usos variables que reciben su definición en un sistema democrático?

Juan Jacobo Rousseau suponía que un pueblo tiene un alma superior, diferente a cada una de nuestras almas, y que ese *yo* superior está **dotado** de una voluntad infalible, capaz de definir en cada instante lo justo y lo injusto, el **bien** y el mal. Y como esa voluntad colectiva, esa voluntad soberana, sólo se expresa por medio del sufragio, venía a resultar que el sufragio tenía la virtud de decirnos en cada instante si Dios existía o no existía, si la verdad era la verdad o no era la verdad, si la Patria debía **permanecer** o si era mejor que, en un momento, se suicidase.

PUNTOS DE VISTA: 2

José Antonio dudaba que la voluntad colectiva fuera capaz siempre de definir "lo justo y lo injusto, el bien y el mal". ¿Qué le parece a Ud.? ¿Tiene Ud. fe en la opinión colectiva? Si no, ¿entonces dónde se deben buscar estas definiciones?

Como el Estado liberal fue un servidor de esta doctrina, vino a constituirse en el espectador de las luchas electorales. Para el

---

publicó: published **ejecutores:** executors **inscritas:** inscribed
frentes: foreheads **dotado:** endowed **bien:** good **permanecer:** remain

Estado liberal sólo era lo importante que en las mesas de
votación hubiera sentado un **determinado** número de señores;
que las elecciones empezaran a las ocho y acabaran a las
cuatro. Después, a respetar tranquilamente lo que de las **urnas**
saliera, como si a él no le importase nada.

De **ahí** vino el sistema democrático, que es, en primer lugar,
el más ruinoso sistema de **derroche** de energías. Un hombre
dotado para la altísima función de gobernar, que es tal vez la
más noble de las funciones humanas, tenía que dedicar el
ochenta, o el noventa y cinco por ciento de su energía a hacer
propaganda electoral, a adular a los electores, a aguantar sus
impertinencias, porque de los electores iba a recibir el poder;
a soportar humillaciones de los que, precisamente por la función
casi divina de gobernar, estaban llamados a obedecerle; y si,
después de todo eso, le quedaban algunas horas, en ese mínimo
sobrante es cuando el hombre dotado para gobernar podía
pensar seriamente en las funciones sustantivas de Gobierno.

Vino después la pérdida de la unidad espiritual de los
pueblos, porque como el sistema funcionaba sobre el **logro** de
las mayorías, todo aquel que aspiraba a ganar el sistema tenía
que procurarse la mayoría de los **sufragios**. Y tenía que procu-
rárselos robándolos a los otros partidos; y para ello no tenía
que vacilar en **calumniar**los. Y así siendo la fraternidad uno de
los postulados que el Estado liberal nos mostraba, no **hubo**
nunca situación de vida colectiva donde los hombres se sin-
tieran menos hermanos que en la vida turbulenta y desagradable del Estado liberal.

PUNTOS DE VISTA: 3

Según José Antonio, el sistema democrático necesariamente destruye la
unidad espiritual de una nación por su sistema electoral que establece
divisiones políticas. Comente Ud. ¿Es verdad que la política democrática
produce divisiones internas que disipan inútilmente mucha energía
creadora? ¿Es posible remediar esta situación?

---

votación: voting **determinado:** certain **urna:** ballot box **ahí:** there
derroche: squandering **sobrante:** remaining (time) **logro:** accomplishment
sufragios: votes **calumniar:** slander **hubo:** was

Y por último, el Estado liberal vino a **deparar**nos la **esclavitud** económica, porque a los obreros, con trágico sarcasmo, se les decía: "Sois libres de trabajar lo que queráis; nadie puede compeleros a que aceptéis unas y otras condiciones; ahora bien: como nosotros somos los ricos, os ofrecemos las condiciones que nos parecen; vosotros, ciudadanos libres, si no queréis, no estáis obligados a aceptarlas; pero vosotros, ciudadanos pobres, si no aceptáis las condiciones que nosotros os impongamos, moriréis de hambre, rodeados de la máxima dignidad liberal". Y así veríais en los países donde se ha llegado a tener Parlamentos más brillantes e instituciones democráticas más finas [que hay] obreros y sus familias en un límite de decoro casi infrahumano.

Por eso tuvo que nacer, y fue justo su nacimiento, el socialismo. Los obreros tuvieron que defenderse contra aquel sistema, que sólo les daba promesas de derechos, pero no se cuidaba de **proporcionar**les una vida justa.

PUNTOS DE VISTA: 4

Dice José Antonio que la esclavitud económica es un resultado necesario del Estado liberal y que el socialismo nació para defender al pobre. Comente. ¿Cómo ocurre esta esclavitud? ¿Qué se ha hecho en los países socialistas y en los Estados Unidos para eliminarla?

Ahora, el socialismo vino a **descarriarse**, porque **dió** primero **en** la interpretación materialista de la vida y de la Historia. El socialismo, así entendido, no ve en la Historia sino un juego de **resortes** económicos; lo espiritual se **suprime**; la Religión es un opio del pueblo; la Patria es un mito para explotar a los **desgraciados**. Todo eso dice el socialismo.

PUNTOS DE VISTA: 5

¿Es verdad que la mayor debilidad del socialismo es su interpretación materialista de la vida y de la historia? ¿Qué otras maneras hay de interpretar la actividad humana? ¿Cuál prefiere Ud.?

---

deparar: present   **esclavitud**: slavery   **proporcionar**: provide
descarriarse: go astray   **dió en**: hit on   **resortes**: expedients   **suprime**: suppress
desgraciado: unfortunate

Por último, el socialismo proclama el dogma monstruoso de la lucha de clases; proclama el dogma de que las luchas entre las clases son indispensables y se producen naturalmente en la vida. Y el socialismo, que vino a ser una crítica justa del liberalismo económico, nos trajo, por otro camino, lo mismo que el liberalismo económico: la disgregación, el odio, la separación, el olvido de todo **vínculo** de hermandad y de solidaridad entre los hombres.

Así resulta que cuando nosotros, los hombres de nuestra generación, abrimos los ojos, nos encontramos una España en ruina moral, una España dividida por todos los odios. Y así nosotros hemos tenido que llorar desde el fondo de nuestra alma cuando **recorríamos** los pueblos de esta España maravillosa, esos pueblos en donde todavía se descubren gentes dotadas de una elegancia rústica. Cuando recorríamos esas tierras y veíamos esas gentes, olvidadas por todos los grupos, divididas, teníamos que pensar de todo ese pueblo lo que él mismo cantaba del Cid[1] al verle **errar** por campos de Castilla:

"¡Dios, que buen vasallo, si oviera (archaic: tuviera) buen señor!"

Eso vinimos a encontrar nosotros en el movimiento que empieza en este día: ese legítimo señor de España. Y ha de ser un señor que no sea al propio tiempo esclavo de un interés de grupo ni de un interés de clase.

El movimiento de hoy, que no es de partido, sino que es un movimiento, casi podríamos decir un antipartido, no es de **derechas** ni de **izquierdas**. Porque, en el fondo, la derecha es la aspiración a mantener una organización económica, aunque sea injusta, y la izquierda es, en el fondo, el deseo de subvertir una organización económica, aunque al subvertirla se **arrastren** muchas cosas buenas.

La Patria es una unidad total, en que se integran todos los individuos y todas las clases; la Patria no puede estar en manos de la clase más fuerte ni del partido mejor organizado. La

vínculo: link   **recorríamos:** toured   **errar:** wander   **derechas:** rights
izquierdas: lefts   **arrastren:** drag down

[1] El Cid es el héroe del gran poema épico español del mismo nombre. Vivió en el siglo XI y fue el gran vencedor (victor) de los cristianos contra los moros. El Cid, condenado al exilio por su rey (king) de manera injusta, sin embargo permaneció (remained) siempre fiel a éste.

Patria es una síntesis trascendente, una síntesis indivisible, con
fines propios que cumplir, y nosotros lo que queremos es que   105
el movimiento de este día, y el Estado que cree, sea el instrumento eficaz, autoritario, al servicio de una unidad indiscutible,
de esa unidad permanente, de esa unidad irrevocable que se
llama Patria.

PUNTOS DE VISTA: 6

Para José Antonio "La Patria es una unidad total" que "no puede estar en manos de la clase más fuerte ni del partido mejor organizado". ¿Qué le parece a Ud. esta idea? ¿Qué grupo o qué clase de gobierno puede representar la unidad nacional? ¿Es posible definir las características de la unidad nacional, por ejemplo, de los Estados Unidos?

 Y con eso ya tenemos todo el motor de nuestros actos futuros   110
y de nuestra conducta presente.
 He aquí lo que exige nuestro sentido total de la Patria y del
Estado que ha de servirla.
 Que todos los pueblos de España, por diversos que sean, se
sientan **armonizados** en una irrevocable unidad de destino.   115
 Que desaparezcan los partidos políticos. Nadie ha nacido
nunca miembro de un partido político; en cambio, nacemos
todos miembros de una familia; somos todos vecinos de un
Municipio; nos **afanamos** todos en el ejercicio de un trabajo.
Pues, si esas son nuestras unidades naturales, si la familia   120
y el Municipio y la Corporación es en lo que de veras vivimos,
¿para qué necesitamos el instrumento intermediario y pernicioso de los partidos políticos, que, para unirnos en grupos
artificiales, empiezan por desunirnos en nuestras realidades
auténticas?   125
 Queremos menos **palabrería** liberal y más respeto a la libertad profunda del hombre. Porque sólo se respeta la libertad
del hombre cuando se le estima **portador** de valores eternos;
cuando se le estima **envoltura** corporal de un alma que es capaz
de salvarse. Sólo cuando al hombre se le considera así se puede   130

---

armonizados: harmonized **afanamos:** exert **palabrería:** verbiage
portador: bearer **envoltura:** covering

decir que se respeta de veras su libertad, y más todavía si esa libertad se **conjuga**, como nosotros **pretendemos**, en un sistema de autoridad, de jerarquía y de orden.

Queremos que no se canten derechos individuales que no pueden cumplirse nunca, sino que se dé a todo hombre, a todo miembro de la comunidad política, por el hecho de serlo, la manera de ganarse con su trabajo una vida humana, justa y digna.

Y queremos, por último, que si esto ha de lograrse en algún caso por la violencia, no nos detengamos ante la violencia. Porque, ¿quién ha dicho que la suprema jerarquía de los valores morales reside en la amabilidad? ¿Quién ha dicho que cuando insultan nuestros sentimientos, antes que reaccionar como hombres, estamos obligados a ser amables? No hay más dialéctica admisible que la dialéctica de los **puños** y de las pistolas cuando se ofende a la justicia o a la Patria.

PUNTOS DE VISTA: 7

El autor cree que a veces es legítimo y necesario utilizar las armas y la violencia para reformar la patria. ¿Está Ud. de acuerdo con esto? ¿En qué circunstancias debe permitirse la revolución? ¿Quién tiene el derecho de rebelarse?

A los pueblos no los han movido nunca más que los poetas, y ¡**ay del** que no sepa levantar, frente a la poesía que destruye, la poesía que promete!

En un movimiento poético, nosotros levantaremos este fervoroso afán de España; nosotros nos sacrificaremos; nosotros renunciaremos, y de nosotros será el triunfo, triunfo que no vamos a lograr en las elecciones próximas. No saldrá de ahí nuestra España, ni está ahí nuestro **marco**.[2] Eso es una

---

conjuga: conjugate   **pretendemos:** intend   **puños:** fists
¡ay del!: woe unto him!   **marco:** setting

[2] En las elecciones de 1933 una coalición de partidos de la derecha venció al gobierno republicano socialista de los dos últimos años. A causa de la fricción entre estos dos grupos, la Guerra Civil estalló (broke out) tres años después.

atmósfera **turbia**, ya cansada, como de taberna al final de una noche **crapulosa**. No está ahí nuestro sitio. Nuestro sitio está al aire libre, bajo la noche clara, arma al brazo, y en lo alto, las **estrellas**.

ESTUDIO DE PALABRAS

Cognados

Nombres

liberalismo
materialista
socialismo

movimiento
parlamentos
sentimientos

aspiración
corporación
elecciones (22)
función
generación
humillaciones (32)
interpretación
organización
separación
situación

-*dad*, -*tad* = -ity
amabilidad (142)
autoridad (133)
comunidad
dignidad
entidad
fraternidad
libertad
realidades
solidaridad
unidad

es- = s-
esclavo (92)
espectador
espiritual
Estados (4)

Adjetivos

indispensables
indivisible
infalible
irrevocable

auténticas (125)
crítica

democrático
históricas
poético
política
rústica
trágico

turbia: unsettled   **crapulosa**: drunken   **estrellas**: stars

fervoroso
maravillosa (82)
monstruoso

pernicioso
ruinoso

Adverbios

-mente = -ly
naturalmente
precisamente

seriamente (36)
tranquilamente

Verbos

adular (30)
aspirar
compeler
dedicar
defender
definir
desaparecer
descubrir
desunir (124)
expresar
gobernar
insultar
integrar (101)
ofender

proclamar
procurar
producir
reaccionar (143)
renunciar
residir (142)
respetar
resultar
robar
sacrificar
soportar (32)
subvertir
suicidarse
vacilar

Palabras derivadas

I

actuar   acción   *acto* (110)
decidir   *decisión* (8)
elegir   *elección*   *electoral* (22, 19)
explotar   explotación   explotador (68)
expresar   expresión   expreso (13)
funcionar   *función*   funcionario (27)
obligar   obligación (53)
perder   perdición   *pérdida* (37)
poblar   población   *pueblo* (9)

producir producción producto (72)
publicar publicación público (1)
reaccionar reacción reaccionario (143)
salvar salvación salvador (130)
vacilar vacilación vacilante (42)

II

encontrar encuentro (79)
mostrar muestra mostrador (43)
poblar *pueblo* población (9)

III

brillo brillar *brillante* (57)
empiezo *empezar* (124)
encuentro *encontrar* (79)
gobierno *gobernar* gobernador (27)
juego jugar jugador (66)
libre librar *libertad* (49, 126)
lucha luchar luchador (19)
mejor mejorar (17)
razón razonar razonable (7)
reacción *reaccionar* reaccionario (143)
ruinas arruinar *ruinoso* (26)

IV

crear creador creación (106)
descubrir descubridor descubrimiento (83)
explotar explotador explotación (68)
ganar ganador ganancia (39)
gobernar gobernador gobierno (27)
jugar jugador *juego* (66)
luchar luchador *lucha* (19)
mostrar mostrador muestra (43)
pensar pensador pensamiento (35)
salvar salvador salvación (130)
servir *servidor* servicio (113, 18)

V

autorizar   autorizado (adj.)   autoridad   *autoritario* (adj.) (107)
enriquecer   enriquecido   *rico*   riqueza (51)
perder   *pérdida* (n.)   perdido (adj.) (37)
salir   salida (24)

VI

amable   *amabilidad* (142)
capaz   capacidad (11)
libre   libertad   librar (49, 126)
social   sociedad   socialista (2)

VII

descubrir   descubrimiento   descubridor (83)
levantar   levantamiento   levantado (adj.) (148)
nacer   *nacimiento*   Renacimiento (60, 60)
pensar   pensamiento   pensador (35)

VIII

Verbos comunes con sus prefijos.

-poner (-pose) *suponer* (9), *imponer* (55), exponer, componer, deponer, interponer, etc.
-primir (-press) *suprimir* (67), imprimir, exprimir, comprimir, deprimir, etc.
-tener (-tain) *mantener* (97), *detener* (140), retener, contener, entretener, etc.

Palabras en el contexto

Compruebe el significado de las siguientes palabras en el contexto y luego escriba una oración con cada una de ellas.

amable (144)   digna (138)   explotar (68)
decoro (59)   estimar (129)   indiscutible (107)

mito (68)   opio (68)   por último (47)
municipio (119) permanecer (17)   soberana (13)

EJERCICIOS DE COMPRENSIÓN

1. Comentario estructural

¿Cuál es el antecedente que rige los siguientes términos?

dejó (2)	los (32)	ha (91)
capaz (11)	le (34)	se arrastren (99)
se suicidase (17)	vino (37)	cree (106)
vino (18)	tenía (40)	exige (112)
hubiera (21)	ello (41)	le (128)
él (24)	tuvo (60)	lo (136)
es (27)	cuidaba (62)	esto (139)
iba (31)	él (86)	ahí (154)

2. Traducción

Líneas: 26–36, 37–40, 49–52, 114–115, 130–133, 139–140.

3. Interpretación

De las tres posibilidades ofrecidas, termine la frase con la que refleje mejor las ideas del autor.

1. En 1762 Juan Jacobo Rousseau publicó . . .
    a. las aventuras de don Quijote de la Mancha   b. El Contrato Social   c. el poema épico del Cid
2. Antes de Rousseau, la justicia y la verdad eran . . .
    a. supersticiones religiosas   b. conceptos populares variables
    c. categorías racionales permanentes
3. El sistema político liberal refleja . . .
    a. la voluntad de los ciudadanos   b. la ideología de las minorías selectas   c. los intereses de los capitalistas
4. En una democracia, el político profesional dedica su energía a . . .
    a. las funciones del gobierno   b. enriquecerse   c. hacer propaganda electoral

5. Uno de los resultados económicos del Estado liberal es...
   a. la esclavitud de los obreros pobres   b. la revolución industrial   c. una cultura materialista
6. El socialismo define la historia como un proceso...
   a. espiritual   b. cultural   c. de lucha de clases
7. La interpretación de la vida que ofrece el socialismo es...
   a. materialista   b. pesimista   c. humanista
8. El problema de la España de 1933 era que España...
   a. era pobre   b. estaba dividida   c. no tenía amigos
9. Para José Antonio la Patria debe...
   a. ser una unidad total   b. cumplir con la voluntad de la mayoría   c. cooperar con la Iglesia Católica
10. Las unidades naturales del hombre son...
    a. los partidos políticos   b. los clubes sociales   c. la familia y el municipio

4. Preguntas

Conteste a las preguntas en términos del enunciado inicial, y de su comprensión del texto.

1. Rousseau nos dijo que la verdad es una decisión de la voluntad popular.
   a. ¿La verdad es una categoría absoluta o relativa?
   b. ¿Quién decide la verdad?
   c. ¿Quién dijo esto?
   d. ¿Qué es la verdad según Rousseau?
2. El alma del pueblo es capaz de definir el bien y el mal.
   a. ¿Cómo se sabe lo que es bueno y lo que es malo?
   b. ¿Qué capacidad tiene el pueblo?
   c. ¿De dónde vienen las definiciones morales?
   d. ¿Este es un concepto idealista o materialista?
3. El sistema electoral democrático no es muy eficaz porque produce luchas políticas.
   a. ¿Qué aspecto de la democracia se comenta aquí?
   b. ¿Qué clase de problemas produce este sistema?
   c. ¿Quiénes tienen que luchar?
   d. ¿Cuál es el límite de este sistema?

4. En el Estado liberal los obreros tienen que aguantar los abusos de los capitalistas.
   a. ¿Qué aguantan los obreros?
   b. ¿Bajo qué sistema sufren estos obreros?
   c. ¿Qué hacen los capitalistas del Estado liberal?
   d. ¿Qué lamenta el autor aquí?
5. El socialismo explica la historia con una interpretación materialista.
   a. ¿Qué filosofía política se comenta aquí?
   b. ¿Cuál es la doctrina central del socialismo?
   c. ¿El socialismo prefiere los valores económicos o morales?
   d. ¿Cuál es el campo que interesa al socialismo?
6. El socialismo olvida la unidad nacional por el dogma de la lucha entre las clases.
   a. ¿Qué dogma se comenta aquí?
   b. ¿Qué dice el socialismo de la unidad nacional?
   c. ¿Qué hacen estas clases?
   d. ¿Por qué no aprueba el autor este dogma?
7. España estaba en ruina moral porque la dividían los odios.
   a. ¿Cuál era la condición moral de España?
   b. ¿A qué patria se refiere aquí?
   c. ¿Qué hicieron los españoles para arruinarse moralmente?
   d. ¿Cuáles fueron los efectos del odio en el alma española?
8. La patria es la síntesis indivisible de todos los individuos, no sólo de los más fuertes.
   a. ¿Qué clase de síntesis es la patria?
   b. ¿Quiénes no deben dominar esta síntesis?
   c. ¿El poder nacional sintetiza a quiénes?
   d. ¿Cómo se logra la unidad nacional?
9. La familia, municipio y la corporación son nuestras unidades naturales.
   a. ¿En esta interpretación cuál es la unidad social mínima?
   b. ¿Qué clase de unidades tenemos aquí?
   c. ¿Aquí se considera al comercio como una de las actividades naturales?
   d. ¿Cuáles son las tres unidades naturales mencionadas aquí?
10. El hombre es libre cuando pretende valores eternos, cuando cultiva su alma.
    a. ¿Esta jerarquía de valores es cristiana o materialista?

b. ¿Qué cultiva el hombre cuando pretende ser libre?
c. ¿Qué pretende lograr este hombre libre?
d. ¿Cómo logra el hombre la libertad?

ANÁLISIS

Prepare Ud. una contestación a uno o más de los *Puntos de vista* incluidos en el texto de "Discurso de la fundación de Falange española".

Manuel García Morente

CONCEPCIÓN HISPÁNICA DE LA VIDA

Manuel García Morente (1886-1942) fue **catedrático** *de filosofía durante muchos años en la Universidad de Madrid. En su juventud fue discípulo de Hermann Cohen en la Universidad de Marburgo. Después, en España, recibió la influencia de José Ortega y Gasset. La filosofía de García Morente evolucionó hacia el existencialismo y le interesó la fenomenología de Edmund Husserl. En 1937 fue a la Argentina invitado por la Universidad de Tucumán. Cuando volvió a España en 1939 declaró su conversión al catolicismo y se hizo* **sacerdote.** *Su obra póstuma,* Ideas para una filosofía de la historia de España, *refleja los pensamientos de esta última época de su vida.*

VOCABULARIO ACTIVO

adelante forward
ajeno alien
bastar to suffice, to be enough
belleza beauty
caber to fit
desenvolver to develop
deber (*m.*) duty
elegir to choose
empresa enterprise
empujar to push

equivocación error
experimentar to experience
fracaso failure
hacia toward
parar to stop
pertenecer to belong
porvenir (*m.*) future
raza race
salud (*f.*) health
virtud (*f.*) virtue

catedrático: professor **sacerdote:** priest

De *Ideas para una filosofía de la historia de España*, Universidad de Madrid. Servicio de publicaciones, Madrid, 1943, págs. 96–118.

Lo primero y lo esencial es el lugar singularísimo que la religiosidad ocupa en el alma española. Dijo Jesucristo: dad al César lo que es del César y a Dios lo que es de Dios. Esta distribución de la actividad humana en dos planos, uno para Dios y otro para la patria, implica, primero: que son efectivamente dos los planos en que puede **repartir**se la vida, y segundo: que esos dos planos son perfectamente compatibles y armonizables. No puede haber contradicción entre la religión y la patria. No debe haberla. Pero hay dualidad. La patria no es la religión; ni la religión es la patria. El sentido profundo de la historia de España es la consubstancialidad entre la patria y la religión. O sea que para los españoles no hay diferencia, no hay dualidad entre la patria y la religión. Porque España, la nación española, nuestra patria española, es—por esencia—servicio de Dios y de la Cristiandad en el mundo.

PUNTOS DE VISTA: 1

García Morente escribe que para los españoles "no hay dualidad entre la patria y la religión", que la patria y la religión en España son dos aspectos de una misma cultura. ¿Cuáles son las relaciones entre la patria y la religión en los Estados Unidos?

Pero esta peculiar relación que la nación española mantiene con la religión cristiana, supone necesariamente un **fundamento** de ella en el alma del "hombre" hispánico. Podrá decirse, por ejemplo, que en el "hombre" hispánico la religiosidad es el nervio o el **eje** de la vida, o que la religiosidad es el centro de la existencia.

Vivir es vivir para algo. Ahora bien: ¿qué es ese algo para lo cual se vive? Caben dos contestaciones—formales—y nada más que dos. Estas dos diferentes contestaciones distinguen clara y fundamentalmente dos concepciones de la vida: una para la cual el sentido de la vida es inmanente a la vida misma y otra para la cual el sentido de la vida es transcendente de la vida. Para la concepción inmanente, la vida tiene en sí misma valor.

repartir: divide   **fundamento:** foundation   **eje:** axis, core

Para la concepción trascendente, la vida en sí misma no tiene valor. El "hombre" hispánico pertenece—sin vacilación posible—al segundo modo, al que confiere a la vida un sentido trascendente. El hombre hispánico pone la vida entera, la propia y aun la ajena, al servicio de algo, que no es la vida misma, ni está en la vida. Ese algo es la salvación del alma, la gloria eterna en Dios. Otros tipos de hombres existen y han existido en el mundo, cuyas concepciones de la vida difieren radicalmente. Algunos tipos humanos hallan el sentido de la vida en la vida misma o en alguno de sus elementos—en la belleza de la vida, en la fuerza y alegría de la vida, en la salud del cuerpo o del alma o en otros valores vitales, como el ejercicio de la inteligencia, la **piedad** religiosa, la disciplina de la existencia humana, la prosperidad de un **ente** colectivo superior, por ejemplo, la nación, la raza, etcétera. Pero el sentido trascendente que el hombre hispánico da a la vida, se determina en la salvación del alma y la gloria eterna.

PUNTOS DE VISTA: 2

Según García Morente, la religiosidad es el centro de la existencia española. ¿Puede Ud. explicar cuál es el centro de la existencia norteamericana?

Vivir desviviéndose

Lo típico del hombre hispánico es su modo singular de vivir, que consiste en vivir la vida como si no fuera vida temporal, sino eternidad. El hombre hispánico no considera la vida eterna o la salvación del alma como el fin de la vida terrestre, sino como término y fin de cada uno de los instantes y de los actos de la vida terrestre. La salvación eterna no es para él solamente un objeto de contemplación; ni tampoco solamente una norma de conducta, sino que es, ante todo y sobre todo, lo que da sentido y finalidad concreta a cada uno de los actos en que se descompone la vida terrestre. Para el hombre hispánico los instantes no se orientan cada uno hacia el siguiente y todos hacia Dios, en

piedad: piety   **ente:** being

la línea de la vida, sino que cada instante, en su singularidad, se orienta ya por sí hacia Dios. El hombre hispánico no piensa que la gloria eterna **envuelve** su vida en santa luminosidad, sino **más bien** se representa la salvación como un **foco** inmóvil y perenne, que **desnuda** la existencia de su continuidad temporal.

Santificarse es, para el alma hispánica, desnudarse, reducirse, **comprimir** la vida y condensarla en un solo instante que represente la anticipación de la gloria. La vida del alma hispánica es un constante morir y resucitar para volver a morir; hasta la última resurrección.

Así, pues, en el hombre hispánico la religión no es una dimensión de la vida, sino la aspiración más profunda del alma. Y sobre esta base, la hispanidad se representa—ante sí misma y ante los otros—como una misión, como una vocación divina, que consiste en purificar, en desnudar de materialidad y de vida temporal la persona humana, tanto la individual como la nacional o la ecuménica y mundial. Y así la historia de España se descompone en la serie de los esfuerzos por realizar ese proceso de ascetismo nacional. Primero, haciéndose la nación a sí misma por eliminación violenta de "lo otro"[1] o por incorporación de "lo otro" a la propia esencia cristiana. Segundo, convirtiéndose la nación en promotora y paladín de la cristianización del mundo. Tercero, desdeñando la nación el comercio con "lo otro", con lo no-cristiano. En cierto modo, el pueblo español se considera a sí mismo—conscientemente en algunas almas, inconscientemente en el resto de ellas—como pueblo, no diré elegido, pero sí especialmente llamado por Dios a la vocación religiosa de conquistar la gloria para sí y para los demás hombres.

PUNTOS DE VISTA: 3

El autor dice que la misión histórica de España es promover la cristianización del mundo. ¿Otras naciones tienen o han tenido un sentido de misión histórica? ¿Puede Ud. citar algún ejemplo? ¿Los Estados Unidos también cabe en esta categoría?

---

envuelve: wraps   **más bien:** rather   **foco:** focal point   **desnuda:** strips
santificarse: sanctify   **comprimir:** compress

[1] "lo otro": Según la teoría existencialista de Jean Paul Sartre, el "yo" tiene que afirmarse por resistir los ataques de todo "lo otro".

El caballero cristiano

Por eso, el símbolo plástico más adecuado para representar al hombre hispánico es la figura del "caballero cristiano". El dinamismo ascético—que constituye el fondo más auténtico del alma hispánica—exprésase admirablemente en las virtudes guerreras del caballero paladín de las causas grandes, defensor del bien, magnánimo, valeroso, **resuelto**, **sobrio**. El ímpetu dinámico, la inextinguible actividad del caballero, se aplican, en efecto, a la salvación del alma, en sí mismo y en los demás.

El caballero cristiano **resume** en su silueta cervantina[2] lo más exquisito, lo más puro de la hispanidad inmortal. Efectivamente, la orden de **caballería** fue una creación de la Iglesia para su defensa y la de la religión y la de la moral y del bien y de la virtud y de la lealtad cristiana sobre la tierra, defensa que la Iglesia **confió** a las armas del caballero.

PUNTOS DE VISTA: 4

¿Cuáles son los atributos del "caballero cristiano"? ¿Don Quijote es un buen ejemplo? ¿Se admira hoy todavía este tipo de hombre o tenemos ya otros modelos?

Enseñanzas

La filosofía de la historia de España nos **proporciona** unas enseñanzas de la más alta importancia en el tiempo presente. No es exagerado decir que el elemento fundamental, esencial, de toda buena y eficaz política consiste en el estudio profundo de la historia patria y de su filosofía. Jóvenes españoles, estudiad la historia de España, meditadla, **empapad** vuestras almas en los gloriosos siglos de nuestro pasado nacional.

PUNTOS DE VISTA: 5

¿Es verdad que una política inteligente tiene que basarse "en el estudio

resuelto: resolute **sobrio:** sober **resume:** sums up **caballería:** chivalry
confió: entrusted **proporciona:** provides **empapad:** soak

[2] Miguel de Cervantes, autor de *Don Quijote*... y símbolo del caballero cristiano.

profundo de la historia patria" o es posible ignorar esa historia para explorar nuevas direcciones?

Reacción, inercia, revolución

De tres maneras puede una generación ser infiel a su patria y a la misión de su época. Por reacción, por inercia y por revolución. La reacción en la historia es siempre una utopía. Contradice el significado mismo de la realidad histórica; que por ser realidad temporal, se construye sobre el tiempo, que es irreversible. La historia no vuelve nunca atrás. Va siempre adelante y camina hacia modos de existencia no experimentados por el hombre.

Mas si de la historia sacamos como primera enseñanza que el retorno al pasado, la reacción absoluta, es imposible, también de ella extraemos el conocimiento de que la inercia absoluta de una generación no es menos compatible con la esencia de la realidad histórica. Una o dos generaciones inertes bastan también, a veces, para la ruina espiritual del país. La historia es movimiento hacia una **meta**, progresión o ascensión. Y si el movimiento, la progresión, la ascensión se detienen, entonces es extremadamente difícil **reponer en marcha** el vehículo, que será destrozado o conquistado por vecinos más activos y **audaces**. Grecia se paró y fue absorbida por Roma. Más cerca de nosotros tenemos el doloroso, el trágico ejemplo de una gran nación,[3] que la inercia de **unas cuantas** generaciones ha puesto al **borde** de la ruina histórica.

PUNTOS DE VISTA: 6

García Morente explica que la historia es el movimiento hacia una meta (goal). Así, para comprender la historia, es necesario primero elegir una meta. ¿Qué le parece a Ud. esta idea?

La revolución absoluta no es menor daño que la pasividad.

meta: goal **reponer en marcha:** start again **audaces:** audacious
unas cuantas: a few **borde:** edge

[3] La España Imperial de los siglos XVI y XVII.

Romper la tradición es poner en peligro la existencia misma de la patria. Porque la personalidad histórica significa, ante todo, continuidad en el tiempo. Así como en el desenvolvimiento de nuestras vidas personales somos en cada instante los mismos y, sin embargo, muy distintos de lo que éramos antes, así también en la vida colectiva de la patria, nuestra España de una época es la misma y, sin embargo, muy distinta de la que fue en época anterior. Querer que siga siendo la misma solamente es el error **funesto** del reaccionario. Querer que sea total y absolutamente distinta, es el error, no menos funesto, del revolucionario. La tradición es la **espina dorsal** de todo organismo vivo en el tiempo.

Fidelidad a la esencia nacional

El primer deber patriótico de cada generación consiste, pues, ante todo, en ser fiel a la esencia de la patria. Y se es fiel a la esencia de la patria, cuando a un mismo tiempo se la conserva y se la empuja hacia nuevas formas futuras. Esta realidad histórica es la que nos obliga a determinar, por una parte, la vocación perenne de España; y por otra parte, su vocación temporal. A vosotros los jóvenes, es decir, a cada una de las generaciones ascendentes, **toca** resolver el problema de la vocación temporal.

PUNTOS DE VISTA: 7

¿Cree Ud. que la juventud debe conservar y hacer avanzar la tradición o "la esencia de la patria", o cree Ud. que la juventud tiene el derecho de exigir de la patria cambios radicales?

Imposible histórico es toda empresa que se halle en contradicción con la vocación perenne de España. Una generación que propusiera al país un imposible histórico encerraríase en este dilema: o **hundiría** a la nación en la negación de sí misma o se hundiría ella en el fracaso completo. Posible en historia será

funesto: fatal   **espina dorsal**: backbone   **toca**: belongs, it is up to
hundir: sink

siempre aquella política que proponga al país una empresa congruente y armónica con la esencia de su vocación histórica permanente. Hemos visto que esa vocación perenne de la hispanidad es el servicio y defensa de la religión; y que el símbolo **evocador** de la personalidad hispánica **concreta** sus formas en el caballero cristiano. ¿Qué conclusiones podemos sacar de esa vocación religiosa y de ese símbolo caballeresco para el porvenir de la hispanidad?

Algunos errores pretéritos

Una primera conclusión, muy consoladora y confortante. Que, estando **vinculada** esencialmente la hispanidad con la religión, su suerte queda **adscrita** a la suerte que, en la tierra, haya de correr la religión. Mas el porvenir del catolicismo en el mundo no ofrece dudas. El panorama ideológico del mundo actual manifiesta inequívocamente el comienzo de un período de extraordinaria progresión para la Iglesia católica. A este incoercible progreso del catolicismo no pueden oponerse ni las sectas cristianas disidentes, que cada día se hunden más en la desunión e incoherencia, ni el espíritu antirreligioso.

PUNTOS DE VISTA: 8

El autor cree que el mundo actual muestra el comienzo de un período de extraordinaria progresión para la religión. ¿Está Ud. de acuerdo o cree Ud. que la religión está muriendo?

Los grupos de españoles que, desde hace más de cien años, venían "**desesperando**" del porvenir nacional, eran en el fondo de sus conciencias hombres de poca—o ninguna—fe cristiana.[4]

evocador: evocative   **concreta:** makes concrete   **vinculada:** linked
adscrita: attached   **desesperando:** despairing

[4] El autor se refiere aquí probablemente a los españoles del siglo XIX que defendieron el racionalismo francés y a los españoles intelectuales de la "generación del '98" (después de la guerra con los Estados Unidos) que lamentaron la "decadencia" de España.

Pretendían desconectar a España de la religión, porque creían que el vínculo religioso era fatal para nuestra patria. Estos españoles de poca o ninguna fe no se daban cuenta de las dos tremendas equivocaciones en que incurrían. La primera, creer que el vínculo de España con la religión cristiana puede romperse con unas reformas más o menos "liberales" de la vida nacional. No, no es fácil descristianizar a España.

La segunda equivocación, también tremenda, en que incurrieron aquellos españoles de poca o ninguna fe, fue creer que Europa—y tras Europa, el mundo—se había definitivamente descristianizado; y que los días de la religión católica sobre el planeta estaban ya contados. Esta falsa convicción era lo que les impelía a procurar que España se "europeizara". Pero España no necesitó nunca europeizarse. La verdadera Europa es la Europa cristiana. La otra, la del alegre libre-pensamiento, es una efímera degeneración. De ella sí que puede decirse, con razón, que "tiene los días contados". La Iglesia espera.

Esperanza de la hispanidad

España también espera. Y puede esperar con firme confianza en el porvenir. Se ha vinculado **inquebrantablemente** con Cristo. Y Cristo siempre es el que triunfa. Y para triunfar con Cristo, España no necesita más que desenvolverse tranquilamente.

ESTUDIO DE PALABRAS

Cognados

Nombres

actos
anticipación
armas
ascetismo (78)
centro

comercio
conducta
conciencia
contradicción
convicción

inquebrantablemente   unbreakably

cristiandad
defensa
dinamismo
disciplina
distribución
efecto
eliminación
época
esencia
fidelidad
finalidad
gloria
ímpetu (95)
incorporación
inercia (115)
instantes
inteligencia
línea
misión
nación
nervio

norma
objeto
órden
pasividad
período
planeta
progresión
prosperidad
reacción
relación
religión
religiosidad
resto
resurrección
sectas (182)
servicio
símbolo (90)
utopía
vacilación
vehículo
vocación

Adjetivos

activo
adecuado (90)
armonizable (8)
colectivo
compatibles
divina
entera (34)
exquisito
falsa
fundamental
glorioso
humana
ideológico
individual

inerte
inmóvil
irreversible
magnánimo (95)
nacional
peculiar
perenne (63)
plástico
profundo
singular
terrestre (52)
típico
tremenda
vital

Adverbios

conscientemente (85)
efectivamente
extremadamente

fundamentalmente
necesariamente
radicalmente

Verbos

absorber
aplicar (96)
condensar
conquistar
conservar
construir (118)
desdeñar (82)
desconectar
determinar
diferir (ie)
distinguir

exagerar
existir
incurrir
meditar
obligar
orientar
purificar
realizar
reducir
representar
resolver

Palabras derivadas

I

admirar   admiración   admirable   *admirablemente* (93)
consolar   consolación   *consoladora* (174)
contemplar   *contemplación*   contemplativo (55)
degenerar   *degeneración*   degenerado (202)
progresar   progresión   *progreso* (181)
reaccionar   *reacción   reaccionario* (115, 145)
salvar   *salvación*   salvador (36)

II

admirar   admirador   *admirablemente* (93)
consolar   *consoladora*   consolación (174)
reformar   reformador   *reforma* (192)
salvar   salvador   *salvación* (36)

III

alegrarse *alegría* alegre (41)
caminar camino caminante (120)
causar *causa* (94)
comenzar (ie) *comienzo* (179)
confiar *confianza* (205)
dañar *daño* (136)
experimentar experimento experimental (120)
fracasar *fracaso* (163)
sentir *sentido* sentimiento (28)

IV

dolor *doloroso* (133)
dual *dualidad* dualismo (9)
esencia esencial esencialmente (15, 1)
eterna eternidad eternamente (36, 51)
órgano orgánico *organismo* (147)
patriótico patriota patriotismo (150)
tiempo *temporal* (50)
trascendente trascender (30)

V

—traer (tract) *extraer* (124), contraer, detraer, retraer, etc.

Palabras en el contexto

Compruebe el significado de las siguientes palabras en el contexto y luego escriba una oración con cada una de ellas.

confortante (174)	lealtad (102)	término (53)
guerreras (94)	planos (5)	valeroso (95)
implica (5)	santa (62)	vivo (148)

EJERCICIOS DE COMPRENSIÓN

1. Comentario estructural

Examine el uso de "se" en los siguientes ejemplos. ¿Es el pronombre objeto, el pronombre reflexivo o la voz pasiva? Tradúzcalos al inglés.

repartirse (6)
decirse (19)
se vive (24)
se descompone (57)
se orientan (59)
se representa (63)
santificarse (65)
desnudarse (65)
reducirse (65)
haciéndose (78)
convirtiéndose (81)
se aplican (96)
se construye (118)
se paró (132)
se es (151)
se la conserva (152)
se le empuja (153)
se halle (159)
encerraríase (161)
oponerse (181)
se hunden (182)
romperse (191)
europeizarse (200)
se ha vinculado (206)
desenvolverse (208)

2. Traducción

Líneas: 8–9, 32–36, 58–61, 72–76, 160–163, 174–177, 198–200, 202–203.

3. Interpretación

De las tres posibilidades ofrecidas, termine la frase con la que refleje mejor las ideas del autor.

1. Lo más esencial en la personalidad española es su...
   a. religiosidad   b. belleza   c. salud
2. Para el hombre hispánico la vida tiene un sentido...
   a. desgraciado   b. trascendente   c. ajeno
3. Para el hombre hispánico el fin de la vida es...
   a. mejorar la raza   b. experimentar la belleza   c. la salvación del alma
4. La historia es una serie de esfuerzos para...
   a. eliminar "lo otro"   b. cumplir con el destino   c. defender la virtud

5. Los españoles son llamados por Dios ...
   a. a cumplir con su deber   b. a cristianizar el mundo   c. a desenvolver una nueva cultura
6. El símbolo más adecuado para representar el hombre hispánico es ...
   a. Jesucristo   b. el ciudadano típico   c. el caballero cristiano
7. Los jóvenes deben ...
   a. estudiar el glorioso pasado   b. experimentar las últimas innovaciones   c. desenvolver un nuevo porvenir
8. La historia va siempre hacia ...
   a. atrás   b. adelante   c. el norte
9. Grecia fue absorbida por ...
   a. Roma   b. Egipto   c. Babilonia
10. El porvenir del catolicismo ...
    a. es dudoso   b. no ofrece dudas   c. es desgraciado

4. Preguntas

Conteste a las preguntas en términos del enunciado inicial y de su comprensión del texto.

1. Para los españoles no hay diferencia entre la patria y la religión.
   a. ¿En qué consiste la unidad española?
   b. ¿Qué país se describe aquí?
   c. ¿Qué grupo tiene gran influencia en la política española?
   d. ¿La política española es una empresa capitalista o una empresa idealista?
2. Algunos hombres encuentran el sentido de la vida en la prosperidad nacional.
   a. ¿Esto describe más bien a los españoles o a los norteamericanos?
   b. Según esta idea, ¿quién debe prosperar, el individuo o la patria?
   c. ¿Qué hacen estos hombres?
   d. ¿A Ud. le parece que estos hombres son nacionalistas?
3. Para el hombre hispánico, la vida no es temporal, sino eterna.
   a. Para el español, ¿por qué no tiene importancia el tiempo?
   b. ¿Cómo describe el autor la vida?
   c. ¿Qué sociedad vive sin un sentido limitado del tiempo?
   d. ¿Qué se niega aquí?

4. La nación española evita relaciones con "lo otro", lo no-cristiano.
   a. ¿Qué significa "lo otro" aquí?
   b. ¿Quiénes prefieren asociarse con cristianos?
   c. ¿Qué hacen aquí los españoles?
   d. ¿Qué es ajeno al español?
5. Las virtudes del caballero cristiano representan el fondo del alma hispánica.
   a. ¿Qué clase de cristiano es mencionado aquí?
   b. ¿Qué es lo que simboliza el caballero cristiano?
   c. ¿Aquí se describe el alma o la psicología del español?
   d. ¿Este símbolo pertenece al porvenir o al pasado?
6. Para toda política eficaz es necesario estudiar el pasado.
   a. ¿Para qué disciplina tiene importancia la historia?
   b. ¿Dónde encuentra lecciones la política?
   c. ¿Para la política basta con conocer el presente?
   d. ¿Aquí tenemos una concepción tradicionalista o pragmática?
7. La historia va siempre adelante hacia nuevos modos de existencia.
   a. ¿En qué dirección se mueve la historia?
   b. ¿Qué encuentra la historia en el porvenir?
   c. ¿La historia aquí es dinámica o estática?
   d. ¿Qué es lo que cambia en la historia?
8. Si el movimiento histórico se para, es difícil comenzar de nuevo.
   a. ¿Por qué es peligroso para el progreso?
   b. ¿Cómo se define aquí la historia?
   c. ¿En qué momento comienza la decadencia de una cultura?
   d. ¿Cuál es la dificultad aquí?
9. Es una equivocación insistir en que una nación cambie totalmente.
   a. ¿Qué clase de cambio es peligroso?
   b. ¿Aquí se defiende la revolución o no?
   c. ¿De qué equivocación se trata?
   d. ¿Cómo se describe aquí la revolución?
10. La verdadera Europa es la cristiana. La otra es una degeneración.
    a. ¿Cuál de las dos Europas es la verdadera?
    b. ¿Cómo llama el autor a la Europa racionalista?
    c. ¿Para el autor el cristianismo es un fracaso o tiene buen porvenir?
    d. ¿Cuáles son los dos poderes que se mencionan aquí?

ANÁLISIS

Prepare Ud. una contestación a uno o más de los *Puntos de vista* incluidos en el texto de "Concepción hispánica de la vida".

José Manuel Rodríguez Delgado

MATERIA, MENTE Y CEREBRO

Este artículo fue publicado en forma de **entrevista** *en la revista española* Índice de artes y letras *con el Dr. José Manuel Rodríguez Delgado, eminente neurofisiólogo español. El Dr. Rodríguez Delgado fue uno de los primeros investigadores que implantaron electrodos en el* **cerebro** *para estudiar las funciones mentales en los animales y en el hombre.*

VOCABULARIO ACTIVO

además besides
ambos both
aprendizaje (m.) apprenticeship
a su vez in their turn
aumentar to increase
cabeza head
cerebro brain
crecer to grow
desarrollar to develop
enfrentar to face; confront
esconder to hide

florecer to flower; flourish
manejar to handle; manage
medio; medio ambiente environment
mente (f.) mind
quizá(s) perhaps
semejante similar
ser (n. m.) being
realizar to achieve
verosímil likely, believable

entrevista: interview **cerebro:** brain

De Índice de artes y letras, Año XVII, Núm. 182, Feb. 1964, págs. 3–6.

Los factores genéticos son naturalmente esenciales para que se desarrolle el cerebro, pero las funciones mentales no dependen sólo de la existencia de una masa de neuronas. En el cerebro del recién nacido hay millones de células nerviosas, sin que exista todavía ningún signo de inteligencia. En el momento de nacer, el niño **respira**, llora, **mama** y tiene otra serie de reflejos; pero ni habla, ni entiende, ni reconoce el medio que le rodea. Pero es más: si a uno de estos seres se le **privara** de sus recepciones sensoriales, la mente no podría desarrollarse.

Esta afirmación tiene una base experimental. Hay casos de personas nacidas con cataratas congénitas en ambos ojos. En algunos de estos casos, hacia los doce o los catorce años se han operado las cataratas y los primeros días son de completa confusión, pues no reconocen visualmente ninguno de los objetos familiares y necesitan largos períodos de **ensayo** para aprender a ver, y aun así quedan con un déficit funcional permanente. Es decir, que la comprensión de las percepciones visuales no puede considerarse preexistente en el cerebro, no depende de cómo están organizadas las conexiones neuronales, sino que necesita aprendizaje y experiencia.

El cerebro es un órgano preparado para la recepción de estímulos del exterior, que entonces son organizados y relacionados unos con otros **a través de** funciones neuronales, que en parte dependen de factores genéticos; pero estos estímulos externos son totalmente necesarios para la existencia y para el desarrollo de funciones mentales.

Hay, además, otro hecho que **conviene** considerar: Nuestra mente utiliza constantemente símbolos y contenido cultural. Para pensar, nosotros utilizamos los conceptos y las palabras que nos han enseñado cuando niños y que continuamos aprendiendo durante toda nuestra vida. Una parte esencial de las funciones mentales es la utilización del lenguaje y del **bagaje** moral y cultural que no han sido inventados por cada individuo, sino que se han formado a través de generaciones y que pasan por nosotros a través de generaciones futuras. Los inventos son solamente el encuentro de nuevas relaciones, la

---

respira: breathes **mama:** sucks **privara:** deprive **ensayo:** trial, practice
a través de: through **conviene:** is important, is a good thing **bagaje:** baggage

manipulación de materias preexistentes, y su realización requiere la existencia previa de un enorme **caudal** de símbolos y de conocimiento. Las ideas nuevas necesitan el **apoyo** piramidal de la cultura anterior.

PUNTOS DE VISTA: 1

Según el doctor Rodríguez Delgado, el hombre piensa en la lengua que habla, y esa lengua es un sistema simbólico que tiene la función de transmitir una cultura a través de las generaciones. Si esto es verdad, ¿es posible pensar lógicamente, o se encuentra el hombre limitado por la subjetividad de su lengua?

Podríamos considerar la mente como la organización intracerebral (dependiente **por tanto** de la química, la física y las funciones neuronales) de elementos extracerebrales procedentes del medio ambiente natural y del acúmulo de la cultura del hombre, que progresivamente se civiliza y se mentaliza.

Según su criterio, ¿existe diferencia entre "mente" y "espíritu"? ¿Qué opina de la famosa tricotomía "cuerpo—alma—espíritu"?

Es importante recordar que los resultados obtenidos están siempre de acuerdo con el método experimental utilizado. Para un químico, el grafito y el diamante son semejantes, estando formados simplemente por carbono; pero para un físico o un **joyero**, hay bastante diferencia entre los dos cuerpos. Si analizamos una **cinta** magnetofónica en un tubo de ensayo, podemos descubrir su composición elemental, pero la música escondida en la orientación molecular no aparecerá. Necesitamos técnicas electroacústicas para revelarla. De un modo **parecido**, el neurofisiólogo puede operar sobre la base material del cerebro; pero por definición el alma (y en parte el espíritu) es un concepto religioso basado en la permanencia y en la inmortalidad de un ente metafísico que no puede ser demostrado ni negado con las técnicas biológicas y que, por lo tanto, no pertenece al razonamiento científico, sino al teológico.

caudal: volume **apoyo:** support **por tanto:** therefore **joyero:** jeweler
cinta: tape **parecido:** similar

PUNTOS DE VISTA: 2

Si lo que sabemos de un objeto solo tiene validez desde la perspectiva de algún método experimental determinado o de la pregunta particular que le hacemos (el ejemplo del grafito o de la cinta magnética), esto implica que no es posible aprender verdades sino solo combinaciones de pregunta y contestación. ¿Qué implicaciones tiene esto para la educación?

¿Quiere usted definir para los **lectores** de ÍNDICE el concepto de "complementarismo"?

Durante siglos se han enfrentado teorías idealistas y materialistas para explicar las relaciones entre el cuerpo y la mente. La existencia de relaciones psicosomáticas se ha demostrado repetidamente. Pero todavía autores contemporáneos hablan un lenguaje de dualidad.

En el "complementarismo" se acepta que las partes física y mental forman partes complementarias, integrantes de la misma realidad. En los objetos del mundo natural existen dos cualidades: una material, determinada por su organización molecular, que da al objeto determinadas propiedades de forma, **peso**, color, propiedades químicas, etcétera, y otra, simbólica, que es una relación entre el objeto y el observador humano, y depende de la interpretación personal basada en la experiencia y cultura del individuo. Esta segunda cualidad es la que determina el significado del objeto para el observador.

Estas ideas sobre las bases de la mente humana son diferentes del complementarismo físico en el que, por ejemplo, una molécula es a la vez materia y energía; porque estas son propiedades intrínsecas o aspectos diferentes de una misma materia, mientras que para el complementarismo las funciones mentales dependen de relaciones entre materia objetiva, y la historia y las propiedades del observador.

PUNTOS DE VISTA: 3

¿Cuáles son las implicaciones de la teoría del "complementarismo" para la lengua y la comunicación? ¿En cualquier palabra particular es posible separar los dos aspectos? ¿Para Ud., por ejemplo, "sombrero" representa

lectores: readers **peso:** weight

sólo una combinación particular de propiedades materiales o también incluye, de manera inseparable, una serie de experiencias subjetivas?

Un ser humano **desprovisto** de toda información del mundo exterior desde su nacimiento ¿no tendría más espíritu o mente que los que pudiera haber **heredado** en sus genes? ¿Querría usted aclararnos este problema y comentar las implicaciones filosófico- religiosas?

Claro es que este caso es puramente hipotético, pues es prácticamente imposible el cortar toda la información sensorial, que viene no solamente a través de los cinco sentidos, sino que también procede de nuestros músculos, **articulaciones**, intestinos, y de otros órganos.

Han existido algunos monstruos humanos y tenemos, además, los casos de niños nacidos con dos cabezas y dos troncos, pero unidos por la pelvis y con sólo dos **piernas** comunes. ¿Cómo catalogarlos, como una persona o como dos? ¿Son almas **gemelas** o bipartitas? Estos problemas escapan de la órbita biológica y yo no me considero con autoridad para opinar sobre ellos.

La evolución orgánica es admitida hoy por todos los científicos. ¿Cree usted que puede haber existido una evolución paralela de la mente humana?

Hoy día se acepta que los productos de la mente humana determinan en gran parte el ambiente tecnológico y cultural, que influye decisivamente sobre la evolución del hombre. Por ejemplo, según Muller (1959), la adaptación a climas fríos, gracias a la utilización de **vestidos**, fue un factor decisivo en la reducción del pelo corporal.

Sabemos también que el desarrollo del cerebro está en relación con la utilización de sus actividades; y como el saber del hombre aumenta continuamente, es lógico que esto suponga un continuo estímulo para el desarrollo cerebral, que en parte puede quedar **fijado** genéticamente. La invención del lenguaje escrito, de la **imprenta**, de la telecomunicación,

desprovisto: devoid of   **heredado:** inherited   **articulaciones:** joints
piernas: legs   **gemelas:** twins   **hoy día:** nowadays   **vestidos:** clothing
fijado: fixed   **imprenta:** press

significan **pasos** gigantes para la estructuración de la memoria técnica de la especie, y que, a su vez, favorecen el crecimiento cerebral para recibir y manejar esta mayor cantidad de información.

En sus experimentos los animales se comportan como si fueran "**juguetes** electrónicos", con una conducta dirigida por los estímulos aplicados al cerebro. ¿Cómo relacionar estos resultados con el libre **albedrío**? ¿Querría comentar las implicaciones éticas, filosóficas y religiosas?

La libertad individual es un concepto relativo, **puesto que** está condicionada por causas que pueden forzar conductas determinadas. Si la **habitación** donde estamos leyendo un periódico empieza a **arder**, nos **lanzaremos** en seguida a apagar el fuego o huiremos, pero no es verosímil que continuemos tranquilamente con nuestra lectura. La educación, las obligaciones, y los principios éticos representan una continua limitación de la libertad individual. Teóricamente tenemos libertad para dejar nuestro coche aparcado en **mitad** de la calle, o para matar al que opina de un modo diferente al nuestro, pero hay poderosas razones para no hacer nada de ello. Nuestra conducta está determinada por una suma algebraica de factores positivos y negativos, entre los que desde luego hay que contar nuestro carácter y formación moral. Por esto es tan importante la educación de los niños, enseñarles lo que hay que hacer y lo que no hay que hacer.

PUNTOS DE VISTA: 4

El doctor Rodríguez Delgado explica que la libertad individual es un concepto relativo porque el hombre está condicionado "por causas (materiales y culturales) que pueden forzar conductas determinadas". ¿Cuál es su opinión?

Esto significa que como los símbolos y la cultura no son una creación cerebral, sino una transmisión de la "mente de la especie" los "módulos de comportamiento" con sus

pasos: steps **juguetes:** toys **albedrío:** will **puesto que:** since **habitación:** room
arder: burn **lanzaremos:** rush **mitad:** middle

determinantes éticos, sociales, políticos y religiosos, tampoco son creaciones del individuo, sino de la especie.

PUNTOS DE VISTA: 5

Desde el punto de vista de la concepción del hombre que presenta el Dr. Rodríguez Delgado, ¿cuál es el valor de estudiar lenguas y sistemas culturales ajenos?

Cuando estimulamos el cerebro eléctricamente simplemente introducimos un factor determinante más en la constelación de elementos existentes.

Estos estudios que tienen tantas implicaciones médicas, científicas y filosóficas deben atraer el interés de muchos investigadores. ¿Cuáles son las **directrices** futuras previsibles y las posibles aplicaciones prácticas?

En los últimos diez o quince años ha habido un gran desarrollo de las investigaciones cerebrales, a las que ha contribuido en gran manera la utilización de las nuevas técnicas de implantación de electrodos. Es una lástima que a pesar de la tradición científica española en estudios del sistema nervioso y a pesar de que se empezaron en Madrid las implantaciones de electrodos en **monos**—antes que en el resto del mundo—este tipo de estudios no ha florecido en nuestro país.

En el **próximo** futuro el uso de estimuladores miniaturizados permitirá aplicar excitaciones programadas cerebrales a pacientes ambulatorios, y la telemetría facilitará el estímulo y el registro de actividades cerebrales a través de largas distancias. Y quizá el resultado más importante es el haber situado las funciones mentales en un terreno experimental.

Las relaciones sociales dependen del funcionamiento del cerebro, y si comprendemos mejor sus reacciones y podemos **disminuir** sus actos antisociales, es posible que podamos ayudar a construir un mundo más feliz.

directrices: directing forces   **monos**: monkeys   **próximo**: near
disminuir: diminish

ESTUDIO DE PALABRAS

Nombres

acúmulo (45)
base
cantidad (123)
carácter
casos
causas
células (5)
científicos
composición
conexión
confusión
creación
cualidad
déficit
dualidad
encuentro
energía
especie
espíritu
estudios

factores
implicaciones
individuo
información
lenguaje
limitación
manipulación
masa
memoria
método
músculos (97)
neuronas
objeto (15)
órgano
orientación
pacientes
permanencia
resultados
transmisión
tubo

Adjetivos

biológica (104)
congénitas (12)
decisivo
dependiente
electrónico
enorme
ética
experimental
externos
familiar
física (72)
genéticos

idealistas
materialistas
médicas
mentales
moral
nerviosas
permanente
previa (39)
recién (4)
sensoriales (9)
tecnológico

Adverbios

constantemente
decisivamente
eléctricamente
progresivamente
puramente

repetidamente
simplemente
teóricamente
totalmente
visualmente

Verbos

basar (61)
comentar
considerar
contribuir
demostrar (69)
depender
descubrir (56)
escapar
explicar (68)

facilitar
favorecer
formar
forzar (131)
inventar
revelar (58)
situar (170)
utilizar

Palabras derivadas

I

adaptar *adaptación* adaptado (112)
afirmar *afirmación* (11)
civilizar civilización civilizado (46)
comprender *comprensión* comprensivo (18)
condicionar condición *condicionada* (131)
concebir (i) concepción *conceptos* (30)
educar *educación* educador (135)
formar formación (73)
funcionar *función funcional* (2, 17)
observar observación *observador* (78)
operar operación (14)
organizar organización organizador (20)
percibir *percepción* (18)
recibir *recepción* (9)
relacionar relación (23, 69)

II

concepción   concebir   *conceptos* (30)
percepción   percibir (18)
recepción   recibir (9)

III

educar   educador   *educación* (135)
estimular   *estimuladores*   *estímulo* (166, 23)
observar   *observador*   observación (78)
organizar   organizador   organización (20)

IV

analizar   análisis (55)
esencia   *esencial*   esencialmente (1)
existir   existencia (5, 3)
hipótesis   *hipotético* (94)
simbolizar   *símbolos*   *simbólico* (29, 78)

Palabras en el contexto

Compruebe el significado de las siguientes palabras en el contexto y luego escriba una oración con cada una de ellas.

aplicar (127)   prácticas (157)   reflejos (7)
contenido (29)   propiedad (77)   serie (7)
influir (111)   reconocer (8)   técnicas (63)
materias (38)

EJERCICIOS DE COMPRENSIÓN

1. Comentario estructural

Explique la razón y el efecto del uso o de la ausencia del artículo en relación a los siguientes nombres:

las funciones (2)   los años (13)   el lenguaje (33)
el nacido (4)   las percepciones (18) los inventos (36)

Las ideas (40)
la cultura (41)
la física (43)
el hombre (46)
el diamante (52)
las técnicas (63)

la interpretación (79)
el cortar (95)
la evolución (106)
el pelo (114)
el saber (116)
el desarrollo (118)

el lenguaje (120)
el albedrío (128)
la libertad (130)
la educación (135)
los niños (144)
la cultura (146)

2. Traducción

Líneas: 6–10, 17–21, 54–57, 67–70, 72–74, 89–91, 137–140, 161–165.

3. Interpretación

De las tres posibilidades ofrecidas, termine la frase con la que refleje mejor las ideas del autor.

1. Las funciones mentales dependen, en parte, de . . .
    a. factores genéticos   b. factores económicos   c. factores sexuales
2. Cuando el niño nace, tiene una serie de . . .
    a. problemas sociales   b. reflejos instintivos   c. intereses intelectuales
3. El cerebro es un órgano preparado para la recepción de . . .
    a. emociones   b. palabras   c. estímulos externos
4. Las ideas nuevas son solamente el encuentro de . . .
    a. nuevas relaciones   b. inspiraciones poéticas   c. viejos amigos
5. Los resultados obtenidos en una investigación dependen de . . .
    a. el número de investigadores   b. el método experimental   c. la influencia política
6. La definición del alma es un concepto . . .
    a. metafísico   b. científico   c. religioso
7. En el "complementarismo" la realidad es una combinación de lo físico y . . .
    a. lo económico   b. lo tecnológico   c. lo mental
8. Una de las influencias decisivas en la evolución de la mente humana es . . .
    a. el ambiente tecnológico   b. la comida   c. la forma de la cabeza

9. La libertad individual es un concepto ...
   a. absoluto b. relativo c. teórico
10. La implantación de electrodos en el cerebro es una técnica ...
    a. literaria b. económica c. científica

4. Preguntas

Conteste a las preguntas en términos del enunciado inicial y de su comprensión del texto.

1. El niño cuando nace no entiende el medio que le rodea.
   a. ¿Qué clase de ser se menciona aquí?
   b. ¿Cuánto sabe el recién nacido del medio ambiente?
   c. ¿Qué es lo que rodea al niño?
   d. ¿Qué dificultad tiene el niño con el medio ambiente?
2. La comprensión de las percepciones visuales depende de la experiencia.
   a. ¿Qué importancia tiene la experiencia?
   b. ¿A cuál de los sentidos se refiere el autor?
   c. ¿Qué hay que comprender?
   d. ¿Se nace con la percepción visual completa?
3. La mente utiliza símbolos lingüísticos para pensar.
   a. ¿Qué clase de símbolos utiliza la mente?
   b. ¿La mente piensa directamente o con palabras?
   c. ¿Qué limita el proceso mental?
   d. ¿Cuál es la conexión entre el habla y el pensamiento?
4. Las invenciones son extensiones de la cultura anterior.
   a. ¿La invención es un proceso individual o cultural?
   b. ¿Qué produce aquí la cultura?
   c. ¿La invención se descubre o se extiende?
   d. ¿Hay una condición necesaria para la invención?
5. Los objetos naturales tienen características materiales y también simbólicas.
   a. ¿Estos objetos son inventados?
   b. ¿Estos objetos son sólo materiales?
   c. ¿Cómo se llama esta teoría?
   d. ¿Quién determina las características simbólicas?
6. Es imposible cortar toda la información sensorial porque ésta viene de todo el cuerpo.

a. ¿Recibimos información sensorial sólo de los cinco sentidos?
   b. ¿A qué contribuye aquí el cuerpo?
   c. ¿Qué es lo que no puede hacerse?
   d. ¿Qué otras partes del cuerpo contribuyen con información sensorial?
7. La adaptación del hombre a climas fríos causó la reducción del pelo.
   a. ¿A qué condiciones se adaptó el hombre?
   b. ¿Qué perdió el hombre en estas circunstancias?
   c. ¿Produce la adaptación cambios genéticos a veces?
   d. ¿Por qué perdió el hombre mucho de su pelo?
8. Cuando el saber del hombre aumentó, su cerebro también creció.
   a. ¿Qué es lo que aumentó?
   b. ¿Qué creció?
   c. ¿En qué circunstancias se desarrolla el cerebro?
   d. ¿Qué efecto genético tiene el desarrollo tecnológico?
9. La libertad individual está determinada por las circunstancias.
   a. ¿El individuo está completamente libre?
   b. ¿Qué limita la libertad?
   c. ¿Qué concepto se describe aquí?
   d. ¿Sólo las circunstancias determinan la libertad?
10. Con la implantación de electrodos es posible estudiar las actividades cerebrales.
    a. ¿Dónde se implantan estos electrodos?
    b. ¿Cuál es la función de los electrodos?
    c. ¿Que clase de actividad se estudia gracias a los electrodos?
    d. ¿Qué clase de experimentos se describen aquí?

ANÁLISIS

Prepare Ud. una contestación a uno o más de los *Puntos de vista* incluidos en el texto de "Materia, mente y cerebro".

Julián Marías

REFLEXIONES SOBRE LOS ESTADOS UNIDOS

Julián Marías (1914–) es un filósofo español, discípulo de José Ortega y Gasset. Como pensador y ensayista es conocido en todo el mundo hispánico y ha sido profesor en varias universidades norteamericanas. En 1948, con Ortega, fundó el Instituto de Humanidades en Madrid y sirvió como director del mismo. "Reflexiones sobre los Estados Unidos" es un capítulo del libro de Marías, Los Estados Unidos en **escorzo.**

VOCABULARIO ACTIVO

aclarar   to clarify
acontecimiento   event
al principio   in the beginning
contra   against
costumbre (f.)   custom
creencia   belief
dentro   within
etapa   stage
grado   degree
lengua   language

mezclar   to mix
naturaleza   nature
papel (m.)   role
pecar   to sin
reunir   to unite, gather
sencillo   simple
soledad (f.)   solitude, isolation
soler (ue)   to be accustomed to
soñar (ue)   to dream
tratarse de   to deal with, be about

escorzo: short

De *Los Estados Unidos en escorzo,* Emecé Editores S.A., Buenos Aires, 1956, págs. 294–315.

Yo creo que lo primero que hay que aclarar un poco es el quién colectivo que conocemos con el nombre de Estados Unidos. ¿De qué país se trata?

Literalmente, de una sociedad, es decir de una unidad de **convivencia** histórica, no definida por un territorio, ni por una población, sino por *un sistema de* **vigencias** *comunes* —usos, creencias, ideas, estimaciones, pretensiones que cada individuo encuentra, que componen una cierta figura, lo que se puede llamar con rigor una *estructura social*. Los Estados Unidos han constituido una sociedad, con la **misma** estructura social—aunque, como es natural, en movimiento histórico— desde la Independencia, probablemente desde mucho antes. Esa sociedad ha sido el sujeto de la historia americana.

Y esto es lo que explica, a mi entender, esa singular homogeneidad de los Estados Unidos. ¿Cómo ha sido posible? ¿Cómo han sido los Estados Unidos el *melting pot*, de tantos hombres de distintas razas, religiones, lenguas, costumbres? ¿Cómo no ha ocurrido nada análogo en otros lugares, por ejemplo en la América española?

Siempre he sentido que los Estados Unidos están definidos por una **potencia** misteriosa y tremenda: la soledad. La cosa ha de tomarse desde el principio: los primeros colonos americanos eran solitarios, eran hombres que se habían quedado solos. ¿Solos de qué?—se preguntará. Solos de su sociedad materna, en general de Inglaterra. La mayor parte de los colonos del siglo XVII—por lo menos los que definen la situación—son disidentes, frecuentemente fugitivos; conservarán una **vinculación**, una *allegiance* con Inglaterra, pero van a hacer una *vida nueva*, ellos *solos*. Van a quedarse, no a conquistar, tal vez enriquecerse o al menos correr aventuras, y volver. No, van a vivir lejos de Europa, solos, repito, acompañados sólo de su nostalgia que los llevará a poner nombres del viejo país a las nuevas tierras, a las ciudades **recién fundadas**. Los conquistadores españoles son hombres que *van a las Indias*—la expresión usual era *pasar* a las Indias— probablemente para volver a Sevilla o Ávila, al menos con el sueño de volver—y muchos volvían. Los colonos ingleses *se*

---

convivencia: living together **vigencias**: customs **misma**: same
potencia: power **vinculación**: linkage **recién fundadas**: recently founded

van a América, a establecerse desde luego. Llegados a New England, a Pennsylvania, a Virginia, miran **alrededor** y piensan: "Nosotros". Ese nosotros no incluye Inglaterra; quiere decir *nosotros solos*, nunca "nosotros los ingleses", como Cortés o Pizarro hubiesen pensado "nosotros los españoles".

PUNTOS DE VISTA: 1

Marías observa una diferencia esencial entre la "colonización" inglesa de América y la "conquista" española de América. Comente Ud. ¿Cuáles son las distinciones más importantes entre las dos?

Solos, además, en un segundo y radical sentido: aparte de estar *solos de Inglaterra*, los colonos estaban *solos en América*. Los españoles, no: estaban *con los indios*, en convivencia. En Norteamérica, los indios eran *pocos*; no se mezclaron con los colonos; casi siempre lucharon unos con otros, y eso a distancia. Los españoles trataban de introducirlos en una estructura social que era la española: religión, lengua, costumbres, valoraciones. En los países principales—Méjico y Perú, sobre todo—encontraron además otras formas de estructura social, a la que tenían que enfrentar la suya propia, *previa*, es decir, la española. Sólo en los países del extremo sur del continente, en que había pocos indios, se da una situación en algunos puntos análoga a la de las colonias norteamericanas, y por eso la Argentina, Chile y el Uruguay son los únicos países hispanoamericanos que se parecen *algo* a los Estados Unidos.

En tercer lugar, mientras la conquista española se extiende en puntos variadísimos por todo el continente americano, desde el Mississippi hasta el Plata y más al Sur, la de los colonos del Norte se reduce durante largos años a un territorio relativamente pequeño y *unido*, que se va extendiendo, es decir, *desde sí mismo*. Los españoles, cuando llegan a un lugar, a tres mil o cinco mil kilómetros de otro, tienen que llegar *como españoles*, prolongando virtualmente hasta allí la sociedad española; por eso *fundan* ciudades a imagen de las de Castilla,

alrededor: around

Extremadura o Andalucía, con su **Plaza Mayor**, y en seguida **se ponen** a **pasear** y conversar en ella, a vivir en compañía y hablar, probablemente, de España.

PUNTOS DE VISTA: 2

¿Por qué no convivían los norteamericanos con los indios, como lo hacían los españoles en Hispanoamérica?

En Norteamérica se constituye, en soledad respecto de Europa y respecto de los indígenas, *una sociedad*, **subrayando** tanto que se trata de una sociedad como que se trata de *una*; y ésta es la que crece, y en su día va *incorporando* otros pequeños grupos, por ejemplo los núcleos de la colonización española, francesa, holandesa, que minoritariamente componen el cuerpo social de los Estados Unidos.

La Declaración de Independencia de 1776, si se la lee con atención, es significativa. "Cuando, en el curso de los acontecimientos humanos, **resulta** necesario para *un pueblo* disolver los vínculos políticos, etc." En inglés dice *one people*, subrayando el numeral, la unidad. Y luego habla de "nuestros *hermanos* británicos", a los que reprocha haber sido "sordos a la vez de la justicia y la **consanguinidad**".

La soledad se manifiesta en un cuarto modo decisivo: una vez constituida esa sociedad unitaria, con su sistema de usos, creencias, ideas, estimaciones, pretensiones, sólo entonces se inicia la inmigración en números considerables. Desde la Independencia hasta 1840, es decir, en más de 60 años, el número total de inmigrantes no llegan a 400.000; en cambio, desde 1850 hasta 1930 entran en los Estados Unidos *cada año* varios cientos de miles de extranjeros, algunos años más de un millón. ¿Qué significa esto? Que mientras se está constituyendo la sociedad americana, sus individuos pueden seguir diciendo "nosotros solos" en un mundo limitado, **aislado**, y homogéneo—aquí está la famosa homogeneidad; cuando llegan los otros, los inmigrantes de todos los países, entran *solos*—

Plaza Mayor: main plaza   **se ponen:** begin   **pasear:** to take a walk
subrayando: underlining   **resulta:** turns out   **consanguinidad:** blood relationship
aislado: isolated

quiero decir, individualmente, cada uno por sí—*en la sociedad americana*, se incorporan uno a uno a ese sistema de vigencias que la constituye.

PUNTOS DE VISTA: 3

¿Es verdad que los inmigrantes en los Estados Unidos se han incorporado al organismo americano sin dejar influencias en él—por ejemplo los italianos, los polacos o los judíos que llegaron en grandes números a principios del siglo XX?

Empecemos por la primera, la más clara y la más problemática de todas; la lengua. Los Estados Unidos son un país uniformemente de lengua inglesa—las **supervivencias** del español, el francés o el *Pennsylvania Dutch* no son más que eso, supervivencias, impregnadas y dominadas por el absoluto imperio del inglés. ¿Cómo se explica que sea la lengua única de un país formado de individuos que han hablado otras en tan enorme proporción? La sociedad americana era originariamente inglesa, lingüísticamente inglesa; no significa nada que millones de americanos sean originariamente de lengua italiana, alemana o española. En cada caso se trata de un individuo frente a una sociedad, y naturalmente ésta impone su **vigencia**. Si la inmigración no británica se hubiese producido en el siglo XVII o el XVIII, se hubiesen constituido otras sociedades lingüísticamente diferentes, con individuos agrupados por su comunidad de idioma. La inmigración ha sido posterior a la existencia de la sociedad americana, de eso que llamamos los Estados Unidos. Su estructura social, en eso como en todo, ha ido transfigurando a los hombres individuales que han entrado en ella. ¿No podrían haberse agrupado de algún modo, buscando el calor de la lengua común, de las viejas costumbres? En grado mínimo así ha ocurrido: los **barrios** pobres de Nueva York, los *slums*, han reunido y reúnen comunidades de italianos de portorriqueños, de judíos polacos, de armenios; y en esas calles se hablan las lenguas respectivas, se comen los platos nacionales, se revive la vieja sociedad abandonada. Pero,

supervivencias: survivals **vigencia:** domination **barrios:** districts

¿qué significa eso en el cuerpo social de los Estados Unidos? Los barrios "extranjeros" son los órganos de la digestión de los inmigrantes, antes de incorporarse al organismo americano; al **cabo** de unos años, el extranjero se introduce—individualmente—en la sociedad americana, habla inglés—o poco menos—se **despega** de su pasado y de sus adherencias "**pintorescas**", frecuentemente de su nombre. En todo caso, esto ocurre en la segunda generación, que habla inglés desde la infancia—casi siempre olvida la lengua de los padres—y se inserta en la estructura social de los Estados Unidos.

PUNTOS DE VISTA: 4

¿Es verdad que los Estados Unidos han tenido más o menos la misma estructura social desde antes de la Revolución? ¿La Norteamérica de Jefferson y la de Jackson y la de hoy representan una misma estructura social?

No termina aquí el papel de la soledad en la gestación de la sociedad de los Estados Unidos. La vida americana ha tenido y tiene un mínimo de convivencia. Los americanos han vivido aislados, en mínimas agrupaciones urbanas, en **granjas**, ranchos, **bosques**, minas, luchando con los indios, haciendo avanzar las fronteras, contra éstos o contra la naturaleza. Han hablado poco, han estado reducidos a la familia o al pequeño grupo, al **equipo**—familia y equipo, las dos grandes fuerzas de la sociedad americana actual—han tenido la solidaridad de los hombres aislados, que se **regocijan** ante la presencia del **prójimo**—una fiesta excepcional—y se prestan mutua ayuda. Y han afirmado la sociedad, porque era la compañía, el **consuelo** y la fuerza. La fuerza también; **de un lado**, la cooperación y la técnica; de otro, la lucha contra la insociabilidad, el crimen. El americano ha tenido que afirmar la sociedad, es decir, las *vigencias*; y a éstas ha solido llamar—la Ley; esto es, la Ley **vigente**, la Ley con una **mayúscula** que es precisamente

---

cabo: end   **despega**: detach   **pintorescas**: picturesque   **granjas**: farms
bosques: forests   **equipo**: team   **regocijan**: rejoice   **prójimo**: fellow man
consuelo: consolation   **de un lado**: on the one hand   **vigente**: in force
mayúscula: capital (letter)

su fuerza, su vigor o **vigencia**, no un *texto legal*, cosa de teoría jurídica. En la L de la Ley americana iba incluido el revólver Colt—el "pacificador" *peacemaker*—o el rifle Winchester; por eso la Ley americana tiene relativamente poco que ver con el "derecho". Al **dilatarse** las fronteras de los Estados Unidos, hacia el Oeste, el Norte o el Sur, un poco detrás iba la Ley, es decir, tras los individuos americanos, la sociedad de los Estados Unidos, con todas sus vigorosas vigencias.

PUNTOS DE VISTA: 5

Marías distingue entre la "ley" fuerte y práctica de los Estados Unidos, la que afirma y gobierna la sociedad, y el "Derecho" teórico, idealista más típico de los países hispánicos. ¿Cuáles son las diferencias entre los dos sistemas?

Esto puede ayudar a entender este problema tan debatido del conformismo o inconformismo americano. Los americanos son muy conformistas—se suele decir—por otro lado, siempre han querido ser independientes, singulares. Los mal pensados creen que son tolerantes en las cosas que no les importan, rígidos y autoritarios en las que les interesan. Creo que la cosa es a un tiempo más compleja y más sencilla: entre las vigencias que componen la sociedad americana, una es la discrepancia, la disconformidad, la independencia de criterio; al discrepar, el americano está cumpliendo una de las vigencias constitutivas de su estructura social. Pero cuando la discrepancia **envuelve** la negación de esa sociedad como tal, cuando el que está disconforme lo está no con ésta o la otra cosa, sino con la *sociedad americana* como sistema solidario de vigencias, entonces ésta cae sobre él con todo su **peso**, incluido el Colt o sus versiones modernas. Dicho con otras palabras, el americano es discrepante *desde dentro*, **apoyándose** en el conjunto de la sociedad para oponerse a una fracción de ella; y entonces, apenas hay nada de lo cual no se pueda discrepar.

vigencia: validity **dilatarse:** spread **envuelve:** involves **peso:** weight
apoyándose: resting

PUNTOS DE VISTA: 6

¿Es verdad que el norteamericano "discrepa sólo *desde dentro* de su sociedad", pero que nunca se rebela contra esa sociedad, como lo han hecho muchos revolucionarios hispanoamericanos?

Desde este punto de vista parece que se podrían aclarar muchos aspectos de la vida americana. Por ejemplo, el ritmo de su historia. Que éste es rápido, nadie lo duda. Por qué lo es tanto, es ya cosa menos clara. Se suele hablar vagamente del "dinamismo" americano, de la "actividad", de la "energía" de los individuos, de su "progresismo", de su falta de sentido histórico, de que—a diferencia de los europeos, que viven tanto en el pasado—se orientan hacia el futuro. No me parece que estas explicaciones sean suficientemente claras. El progresismo ha sido invención europea, y de su mito ha vivido Europa doscientos años. Respecto al futurismo, Europa ha tenido a lo largo de su historia mucha más imaginación que América y más bien ha pecado de utopismo. Precisamente por eso ha necesitado del pasado, porque sólo desde éste se puede proyectar, sólo con larga memoria se puede imaginar **a largo plazo**; y ahora que los Estados Unidos están *empezando* realmente a proyectar se dan cuenta de que necesitan un pretérito y lo están buscando. Y en cuanto al sentido histórico, lo tienen, y vivísimo, aunque referido sólo a *su* pasado, de duración limitada. Precisamente a mí eso me parece una **prueba** de *historización* de la vida, que toma como pretérito remoto lo que no es estricta actualidad, mientras que la mentalidad ahistórica considera como "época actual" largos períodos de muchos **decenios** y aun siglos.

PUNTOS DE VISTA: 7

Para Marías, sólo es posible proyectar hacia el futuro desde la perspectiva de un sentido histórico. ¿Cree Ud. que los norteamericanos conciben la progresión histórica? ¿Puede Ud. definir las características de esta progresión?

a largo plazo: over a long period   **prueba:** proof   **decenios:** decades

Pienso que el ritmo acelerado de la historia americana habría de buscarse por otro sitio. Concretamente, habría que estudiar la dinámica de las generaciones en los Estados Unidos. Su situación es sumamente peculiar. La razón me parece ser ésta; los individuos que componen una generación normal en un país son primero niños, luego jóvenes, después hombres maduros, finalmente ancianos; pues bien, en los Estados Unidos una enorme proporción de cada generación ha estado constituida por hombres *adultos*; hombres que habían consumido en sus países de origen las etapas pasivas de desarrollo y formación, para llevar al Nuevo Mundo sus energías dinámicas. Se diría que ocurriría lo mismo en todos los países de inmigración. Y en efecto, así es, siempre que se dé la otra condición, la capital: la existencia previa de una sociedad, de una estructura social a la cual se incorpora cada individuo. Y siempre que se dan ambas condiciones se **comprueba** un ritmo histórico extremadamente acelerado.

La sociedad americana se parece mucho a la europea—está hecha de europeos, pero en otro sentido es radicalmente distinta, porque su estructura es otra. De ahí que sea tan difícil, cuando se habla de los Estados Unidos, saber de qué se está hablando. Y lo cierto es que vale la pena.

Los Ángeles, mayo de 1955

ESTUDIO DE PALABRAS

Nombres

atención
aventuras
caso (111)
continente
crimen
criterio
distancia
energía

estructura
expresión
fugitivos
indios (54)
individuos
justicia
memoria
mentalidad

comprueba: verify, prove

modo (85)
nostalgia
número
períodos
presencia
pretensiones
proporción
religiones

ritmo (183)
sistema
teoría (155)
territorio
texto
usos
versiones
vigor

Adjetivos

absoluto
adultos
autoritarios (168)
compleja (169)
común
disidentes
distintas
estricta
excepcional
extremo
independientes
jurídica (155)
legal
materna
mínimo
misteriosa

mutua
natural
pasivas
peculiar
principales
radical
rápido
remoto
rígidos
solitarios
tremenda
urbanas
usual
variadísimos (60)
vigorosas

Adverbios

concretamente
extremadamente (222)
finalmente
frecuentemente
individualmente

suficientemente
uniformemente
vagamente (185)
virtualmente

Verbos

consumir
conversar

disolver
extender (ie)

incorporar
iniciar
ocurrir
prolongar
proyectar (195)

repetir (i)
reprochar
significar
terminar

Palabras derivadas

I

abandonar   *abandonada* (126)
acelerar   *acelerado*   aceleración (206)
acompañar   *acompañados*   *compañía* (31, 148)
agrupar   *agrupados*   *grupo* (115, 75)
constituir   *constituido*   constitución (10)
definir   *definida*   definición (5)
dominar   *dominadas*   dominación (105)
formar   formado   *formas*   formación (51)
limitar   *limitado*   límite (95)
producir   *producido*   producción (113)
unir   *unido*   *unidad* (63, 5)

II

acelerar   aceleración   *acelerado* (206)
colonizar   *colonización*   *colonias*   *colono* (75, 55, 22)
considerar   consideración   *considerables* (88)
constituir   constitución   *constituido* (10)
definir   definición   *definida* (5)
durar   *duración* (200)
imaginar   *imaginación*   imaginario (196, 193)
inmigrar   *inmigración*   inmigrante (88)
negar   *negación* (174)

III

clara   aclarar (101, 1)
conformismo   conformar   conformidad (164)
conquistar   *conquista*   conquistador (30, 59)

historia *histórica* historiador (5)
homogéneo homogeneidad (95, 14)
órganos organismo orgánico (128)
tolerantes tolerar (167)

Palabras en el contexto.

Compruebe el significado de las siguientes palabras y luego escriba una oración con cada una de ellas.

avanzar (142)   fundar (67)   maduros (212)
curso (79)   imagen (67)   razón (209)
fronteras (142) introducir (48) sujeto (13)

EJERCICIOS DE COMPRENSIÓN

1. Comentario estructural

¿Cuál es el antecedente que rige los siguientes términos?

lo primero (1)   las de (67)   lo (175)
lo que (8)   en ella (69)   ésta (177)
lo que (14)   la que (74)   lo cual (181)
los que (26)   los que (83)   éste (184)
la española (49)   la primera (101)   lo es (184)
la que (52)   ésta (112)   lo que (202)
la de (55)   éstos (142)   la cual (220)
la de (61)   las que (168)   la europea (223)

2. Traducción

Líneas: 20–22, 31–34, 50–53, 71–77, 101–102, 118–121, 166–173, 178–182, 190–194.

3. Interpretación

De las tres posibilidades ofrecidas, termine la frase con la que refleje mejor las ideas del autor.

1. Los Estados Unidos constituyen una sociedad...
    a. homogénea b. capitalista c. misteriosa

2. Lo más característico de los colonos norteamericanos es su . . .
   a. lengua   b. soledad   c. creencia religiosa
3. Los indios fueron incorporados a la cultura . . .
   a. española   b. norteamericana   c. argentina
4. Al principio los Estados Unidos no recibieron. . . .
   a. muchas creencias nuevas   b. muchas visitas   c. muchos inmigrantes
5. Cuando llegan los inmigrantes entran como . . .
   a. individuos   b. obreros   c. ciudadanos
6. Los Estados Unidos son un país uniformemente de lengua . . .
   a. italiana   b. inglesa   c. indígena
7. Los norteamericanos hicieron avanzar las fronteras contra . . .
   a. la naturaleza   b. la clase media   c. los obreros
8. El norteamericano afirma su sociedad con . . .
   a. el derecho   b. la ley   c. empresas capitalistas
9. El norteamericano se opone . . .
   a. a su sociedad   b. desde dentro de su sociedad   c. a los enemigos de su sociedad
10. Para poder proyectar un futuro es necesario . . .
    a. un sentido histórico   b. un gobierno fuerte   c. un ideal político

4. Preguntas

Conteste a las preguntas en términos del enunciado inicial y de su comprensión del texto.

1. Los Estados Unidos constituyen una homogeneidad cultural excepcional en el mundo.
   a. ¿Qué clase de homogeneidad se describe aquí?
   b. ¿Hay otros países en el mundo como los Estados Unidos?
   c. ¿Hay mucha variedad de costumbres en los Estados Unidos?
   d. ¿En qué se distinguen los Estados Unidos?
2. El poder misterioso que define a los Estados Unidos es la soledad.
   a. ¿De qué poder misterioso se habla?
   b. ¿Qué importancia tiene la soledad?
   c. ¿Cuál es el secreto del poder de los Estados Unidos?
   d. ¿Qué es lo que Marías quiere definir aquí?

3. Los colonos ingleses estaban solos en América porque no vivían con los indios.
   a. ¿Quiénes llegaron a América?
   b. ¿Se mezclaron ellos con los indios?
   c. ¿Estaban acompañados los colonos ingleses?
   d. ¿Dónde ignoraron los colonos a los indios?
4. La conquista española, en pocos años, se extiende por todo el continente americano.
   a. ¿Qué país conquistó todo un continente?
   b. ¿Según Marías, los españoles conquistaron o colonizaron?
   c. ¿En cuánto tiempo realizan los españoles la conquista del continente?
   d. ¿De qué continente se trata?
5. La inmigración no comenzó en Norteamérica hasta después de la realización de la unidad social.
   a. ¿Qué realizaron los norteamericanos primero?
   b. ¿De qué acontecimiento se trata?
   c. ¿Dónde ocurre esta inmigración?
   d. ¿Por qué no causa la inmigración cambios culturales?
6. Los inmigrantes no cambiaron la cultura norteamericana porque llegaron como individuos.
   a. ¿Cómo llegaron los inmigrantes?
   b. ¿De qué grupo se trata aquí?
   c. ¿Influyeron mucho los inmigrantes en Norteamérica?
   d. ¿Qué les ocurrió a los inmigrantes cuando llegaron a los Estados Unidos?
7. La ley tiene un papel central en la unidad social norteamericana.
   a. ¿Cuál es la importancia de la ley?
   b. ¿En qué país se afirma la ley?
   c. ¿A qué contribuye la ley?
   d. ¿De qué clase de unidad se trata?
8. Los americanos quieren ser independientes pero son muy conformistas.
   a. ¿Qué prefieren ser los norteamericanos?
   b. ¿Sueñan con la independencia o con el conformismo?
   c. ¿Son de veras independientes los norteamericanos?
   d. ¿Para Marías, este conformismo es una fuerza o una debilidad?

9. Los Estados Unidos están buscando ahora su propio sentido histórico.
   a. ¿Qué les falta a los Estados Unidos?
   b. ¿Para qué necesitan un pasado nacional?
   c. ¿De quién es este sentido histórico?
   d. ¿Cuándo se dieron cuenta los Estados Unidos de esta falta?
10. En los Estados Unidos una enorme proporción de cada generación han sido inmigrantes adultos.
    a. ¿De dónde vinieron estos adultos?
    b. ¿Por qué había tantos adultos?
    c. ¿Eran excepcionales las generaciones americanas?
    d. ¿Cuál ha sido la naturaleza de las generaciones americanas?

ANÁLISIS

Prepare Ud. una contestación a uno o más de los *Puntos de vista* incluidos en el texto de "Reflexiones sobre los Estados Unidos".

Daniel Cosío Villegas

MÉXICO Y ESTADOS UNIDOS

Daniel Cosío Villegas (1890–   ) es un conocido economista, sociólogo y diplomático mexicano. Fue director del Fondo de Cultura Económica, una de las casas editoriales más importantes de Hispanoamérica. También ha sido catedrático de la Universidad Nacional Autónoma de México y presidente del Colegio de México, institución de estudios avanzados en ciencias sociales.

VOCABULARIO ACTIVO

agudo sharp
ahí there
amistad (f.) friendship
amo master
apoyar to support
ciego blind
compromiso obligation
esclavo slave
fuerza force
fugaz fleeting

igual equal
intentar attempt
juicio judgement
lado side
medios means
pasar to happen
prensa press
recursos resources
riqueza wealth
salvar to save

De *Extremos de América*, Tezontle, México, 1949, págs. 47–49. Anteriormente, el artículo "México y Estados Unidos" fue publicado en la revista *Cuadernos Americanos* (Nov. 1947).

El problema de las relaciones de México con Estados Unidos es complejo en extremo. Las relaciones oficiales entre los dos países son hoy excelentes: puede decirse que con la excepción de Canadá, es dudoso si Estados Unidos las ha tenido alguna vez mejores con otro pueblo, y más si se trata de un país **próximo**.

Y sin embargo, México y Estados Unidos **distan** muchísimo de haber **resuelto**, realmente, el problema. Si alguna vez ha de haber una amistad verdadera entre Estados Unidos y México, no podrá ser ella efecto instantáneo de la declaración de un político norteamericano, aun cuando éste se llame Roosevelt, y aquélla, la Doctrina de la Buena Vecindad.[1]

La **animadversión** del mexicano hacia el norteamericano nace porque las trayectorias respectivas de los dos países son distintas y, sin embargo, convergentes. Las reacciones irracionales a que se debe en mucho la animadversión de México hacia Estados Unidos son peligrosas por ese su carácter irracional; al mismo tiempo son las más difíciles de explicar y combatir. Algunas nacen de hechos pueriles, pero reales: al mexicano, por ejemplo, le irrita la prisa **estruendosa** del norteamericano. Otras veces esas reacciones irracionales nacen de hechos más serios, humanamente hablando: el mexicano, que sufre la presencia continua del turista yanqui, ha acabado por considerarlo como a un nuevo Creso.[2]

PUNTOS DE VISTA: 1

¿Está Ud. de acuerdo con los muchos mexicanos que creen que el norteamericano típico es un nuevo Creso que siempre tiene prisa y hace mucho ruido?

Por supuesto que el norteamericano, a su vez, tiene ideas preconcebidas sobre el mexicano. No cabe la menor duda,

próximo: nearby   **distan:** are far from   **resuelto:** resolved
animadversión: ill-will   **estruendosa:** noisy

[1] La Doctrina de la Buena Vecindad (Good Neighbor Policy) fue el término aplicado al programa de cooperación con Latinoamérica que el presidente Franklin D. Roosevelt inauguró en 1933.

[2] Creso (Croesus), rey de Lydia después de 560 A.C. (Antes de Cristo), fue y sigue siendo símbolo de gran riqueza.

por ejemplo, de que lo considera inferior física, intelectual y moralmente. De **escasa** vitalidad, lo supone inconstante e indeciso; de poca imaginación, lo cree agudo para ver los problemas, pero **torpe** para hallarles solución, esto sin contar con que los problemas que ve el mexicano, no son problemas tangibles, de física o de química, sino de esos que se llaman vaga y grandilocuentemente "trascendentales"; laxo, adquiere con facilidad compromisos que después no sabe ni quiere cumplir. Y cuando el observador norteamericano es muy, muy agudo, llega a la conclusión obvia, pero negativa, de que el mexicano es compliacdo hasta el extremo.

PUNTOS DE VISTA: 2

Cosío Villegas dice que para los norteamericanos los mexicanos son inconstantes, indecisos, complicados, de poca imaginación y de escasa energía ¿Tiene Ud. la misma impresión? ¿Cómo ve Ud. al mexicano?

La verdad, por supuesto, es que el mexicano y el norteamericano son dos seres radicalmente diversos: tienen distintas actitudes generales ante la vida y el mundo, y también una diversa escala de valores.

El norteamericano, hombre fabulosamente rico, está acostumbrado a contar lo que tiene, lo que gana o lo que pierde; de ahí su propensión a **fundar** muchos de sus juicios de valor en la magnitud, en la cantidad. El mexicano no tiene nada, o muy poco, que contar, y, en consecuencia, la noción de magnitud, de cantidad, le resulta extraña; de ahí que sus juicios se basen o pretendan basarse en la noción de calidad. El norteamericano, que tiene en su país recursos naturales que ninguno otro hasta ahora ha tenido sabe por experiencia que cuenta con los medios necesarios para hacer cosas y que el logro de ellas sólo requiere la decisión y el esfuerzo humanos; esto lo hace de manera natural, activo y **confiado**. México es un país pobre en recursos naturales; por eso el mexicano cree que su decisión y su esfuerzo no bastan, que antes y por encima del hombre hay condiciones dadas que es muy difícil o imposible remover;

escasa: meager   **torpe:** slow   **fundar:** base   **confiado:** confident

esto le hace escéptico, desconfiado de la acción, **creyente** en fuerzas superiores a él.

PUNTOS DE VISTA: 3

¿Cree Ud., como Cosío Villegas, que el norteamericano basa sus juicios en la noción de cantidad? ¿Cuáles son las implicaciones sociales, económicas, psicológicas de esta idea?

Esta misma disparidad, tan desproporcionada de medios, ha producido otra diferencia importantísima. Los recursos naturales de México—se ha dicho—son limitados; de ahí que buena parte de la riqueza del país se haya **montado** sobre una u otra forma de explotación del hombre al grado de haberse llamado al indio mexicano el mejor recurso natural del país. Y todo el siglo y medio de vida independiente[3] no es sino un **penoso** esfuerzo para apoyar la riqueza más en la explotación de la naturaleza y de la técnica que en la del hombre mismo.

El mexicano antes se sentía seguro en su mundo. No creía que la riqueza fuera signo inequívoco de inteligencia o de virtud; en ella veía mucho de buena suerte y un poco de fatalidad. Por eso, creo que hasta hace, digamos, cincuenta años, el mexicano no envidiaba **mayormente** la riqueza. No ambicionaba tanto la riqueza como la libertad, la calma necesaria para hallar su camino, la soledad para gozarlo. Y creía en Dios, **justamente** porque ante Él no parecían contar de modo decisivo sino la virtud y el honor. El mundo en que ha vivido el mexicano, no era un mundo material, sino más mucho más, un mundo espiritual y religioso; ésa ha sido la única razón de su existencia, mientras el mundo todo, singularmente Estados Unidos, tomaba un **sendero** diferente: el de preferir el gozo fugaz y externo de lo material al más permanente e interior del espíritu.

PUNTOS DE VISTA: 4

Según Cosío Villegas, el mexicano creía en Dios porque ante Él, sólo

creyente: believer **montado:** mounted **penoso:** painful **mayormente:** mainly
justamente: precisely **sendero:** path

[3] México obtuvo su independencia de España en 1821.

importan la virtud y el honor o, en otras palabras, las cualidades morales de cada hombre individual. ¿La fe y la religión del cristiano norteamericano son similares a las del mexicano?

El norteamericano, en cambio, ha vivido en la riqueza; pero ésta conforma o deforma al ser humano mucho más de lo que se piensa. Lo que ha salvado hasta ahora a la sociedad norteamericana del apetito insaciable de riqueza, no es la igualdad de riqueza, que desde luego jamás ha existido, sino la "igualdad de oportunidades" para que todos se hagan ricos. No es tanto que el norteamericano sea un materialista sin salvación espiritual alguna, entre otras cosas porque jamás ha sostenido que la riqueza sea un fin, sino un medio; pasa que le han preocupado tanto los medios y gasta tanto tiempo en **conseguirlos**, que los medios no sólo se han convertido en fines, sino en el único fin que existe.

Por todo eso, el mexicano ve en el norteamericano a un intruso. México parecía ser a fines del siglo XVIII el país con un porvenir mejor y más seguro entre todos los de este continente. Estados Unidos tenía un territorio confinado a la costa atlántica. Estados Unidos acabó por construir una gran civilización moderna. En su historia, Estados Unidos es un **milagro**: haciendo al mismo tiempo dos cosas de por sí difíciles: explorar y dominar un territorio inmenso, desconocido, y formar una nacionalidad. E hizo Estados Unidos otras dos cosas, y simultáneamente también: su nación no fue una más, simplemente, sino una comunidad política modelo, y que intentaría con audacia y consistencia las mayores instituciones y las mejores formas democráticas de vida que hasta ahora se conocen.

PUNTOS DE VISTA: 5

El autor dice que para los mexicanos los Estados Unidos son, como comunidad política, un modelo de libertad y democracia. ¿Lo cree Ud. también o ve Ud. imperfecciones en el sistema norteamericano?

conseguirlos: obtaining them   **milagro:** miracle

México, al contrario, logra su independencia en las peores condiciones históricas. Los largos años de lucha destruyen una parte de su riqueza; otra huye a España; y la que subsiste es en su mayoría propiedad de la iglesia católica,[4] enemiga de la nueva nación. Por otra parte, México fue hijo de una **potencia** impotente. México, como todas las colonias españolas de América, vivió así bajo un signo de conservación y de reacción, y no movido por las grandes fuerzas creadoras de la sociedad moderna. El hecho de que España no **concurriera** al drama del que saldría la revolución política, económica y filosófica del liberalismo, fue ya fatal para las nuevas naciones hispanoamericanas.

PUNTOS DE VISTA: 6

Las colonias españolas sufrieron en parte porque no participaron en "el drama del que saldría la revolución política, económica y filosófica del liberalismo" que ocurrió en Inglaterra y otros paises. ¿Cuáles fueron las características de esa revolución?

Pueblos distintos son, entonces, México y Estados Unidos. Y sin embargo, en todos los **terrenos** se deja sentir la influencia norteamericana; en los hábitos de la **alimentación** y el vestido; en el lenguaje, en el pensamiento, en los ideales de vida, en la economía en la sociedad, en la política religiosa, en las artes y en la educación.

¿Qué ocurrirá? ¿Qué **sobrará** de México? ¿Podrá resistir y, en ese caso, cuáles serán sus principales elementos de defensa?

Nuestro territorio alguna defensa ofrece, no por nuestro, sino por ser lo que es: pobre, fuera de la zona **templada**, circunstancias que son adversas para repetir en México el "experimento" norteamericano.

potencia: power   **concurriera:** take part in   **terrenos:** areas
alimentación: eating   **sobrará:** will be left   **templada:** temperate

[4] La Iglesia católica poseía un poder económico y político incalculable que utilizaba para resistir todo cambio en la estructura social. Comenzó a perder este poder ante la oposición de elementos liberales en la última parte del siglo XIX. Lo perdió casi completamente en la época posterior a la Revolución mexicana de 1910. Las relaciones entre el estado y la Iglesia comenzaron a mejorar apenas en los últimos treinta años.

Nuestra población será un obstáculo todavía mayor. El mexicano, rebelde, indisciplinado, admite al amo y lo obedece, pero jamás lo estima.

El indio presentará resistencia mayor. Desde luego, formando él, como forma, una gran masa inerte sobre la cual se han apoyado pequeños grupos aristocráticos, podrá ser esclavo del norteamericano, pero con dificultad llegará a **desempeñar** el papel de la masa norteamericana, gregaria, fluida, impetuosa; su profunda desconfianza, su ritmo lento y su cerrado **mutismo**, harán difícil su participación voluntaria y gozosa.

Antes era usual contar a la iglesia católica como una de las fuerzas de resistencia decisivas contra la penetración yanqui. **Quizás** esa opinión se basaba en el **razonamiento** simplista de que siendo Estados Unidos un país predominantemente protestante, la iglesia católica temía que con el predominio político y económico viniera el religioso. También se basaba en que la iglesia católica veía con repugnancia el predominio de una vida tan "libre" como la del norteamericano: la mujer, libertina en sus relaciones sexuales; el divorcio, universal; el cine, licencioso.

La iglesia católica, que denuncia el carácter supranacional del comunismo, es también una fuerza internacional, rara vez aliada, casi siempre adversa, a las fuerzas puramente nacionales de cada país; y, como el comunismo, obedece con ciega fidelidad los dictados de una organización central cuyo único **móvil** es la posesión del poder para la realización de sus fines.

La vida internacional le ha dado a la iglesia católica una nueva oportunidad, quizás la mejor de cuantas se le han presentado: la de poder ser el **peso** adicional que incline la balanza del lado de Estados Unidos o de Rusia.

Si la iglesia está **empeñada** en un **juego** internacional de esta increíble magnitud, ¿es posible que le importe algo la nacionalidad mexicana? Si la iglesia católica ambiciona hoy destruir al comunismo aliándose con Estados Unidos, ¿es concebible que quiera comprometerse por defender a México?

---

desempeñar: play **mutismo:** silence **quizás:** perhaps **razonamiento:** reasoning
móvil: motive **peso:** weight **empeñada:** pledged **juego:** game

PUNTOS DE VISTA: 7

Algunos mexicanos ven en la Iglesia Católica una fuerza política imperialista peligrosa. Los norteamericanos creen que la Iglesia es simplemente una institución religiosa. ¿Quién tiene razón?

Para completar este balance esquemático de las fuerzas favorables y desfavorables a México no debe olvidarse algo elemental: Estados Unidos no es sólo su gobierno ni lo son tampoco sólo sus capitalistas; hay en ese país, como en pocos de la tierra, una gran masa ciudadana cuya opinión es independiente de su gobierno y de sus capitanes de empresa. La lucha reciente[5] contra la iglesia católica en México fue a veces comprendida y apreciada por diplomáticos norteamericanos y por funcionarios elevados del Departamento de Estado. Y, sin embargo, jamás pudieron ni siquiera **paliar** la significación de esa lucha justamente porque el pueblo norteamericano ha visto tradicionalmente con gran repugnancia toda **querella** o persecución contra cualquier iglesia o credo religioso.

¿Qué podría esperarse, entonces, de la opinión pública yanqui en favor de México? Con la segunda guerra mundial, el pueblo norteamericano ha llegado a ser víctima de una impaciencia casi histérica contra todo lo que sea queja, petición o diferencia.[6] Tal es el peso de las obligaciones que cree llevar sobre sus **hombros**, y tal el cultivo de ese sentimiento equivocado que han hecho el gobierno, la prensa, la radio y el capital: ningún pueblo en la historia ha asumido voluntariamente tanta responsabilidad ajena ni ninguno ha sido tan generoso como el norteamericano.

Pero más que nada la opinión pública norteamericana se halla en crisis por la desafortunada circunstancia de que los líderes de ella o los órganos o instituciones que la **nutren**, han tomado un tono tan intransigente y tan reaccionario. No es

paliar: alleviate   **querella:** complaint   **hombros:** shoulders   **nutren:** nourish

[5] Después de la Revolución mexicana, México tuvo entre 1921 y 1934 una serie de presidentes enemigos de la Iglesia. La resistencia de los elementos conservadores resultó en 1926 en la Guerra de los Cristeros, episodio violento en que la Iglesia perdió mucha influencia nacional.
[6] Aquí se refiere a la Guerra Fría.

irreverencia, sino simple verdad histórica, afirmar que desde 195
la era de Roosevelt el tono conservador de su gobierno y de sus
principales colaboradores fue acentuándose. La opinión pública de Estados Unidos, por la primera vez en no sé cuántos años, parece uniforme, regimentada. ¿Es posible esperar
alguna comprensión de la opinión pública estadounidense 200
sobre los problemas de México?

PUNTOS DE VISTA: 8
Según Cosío Villegas el público norteamericano es suficientemente fuerte para dominar a su gobierno y a sus capitalistas. ¿Tiene razón?

   Muchas personas, **sobre todo** norteamericanas, **apuntarían** el proceso de conocimiento mutuo como una solución a los problemas comunes sin daño y hasta sin fricción. Y **señalarían** como apoyo de su esperanza al número de turistas que van y 205
vienen libremente de un país al otro.
   Me temo que el turismo **avive** en nuestro caso la incomprensión. Una razón importante para ello es que en pocas cosas se separan tanto el norteamericano y el mexicano como en la impresión que causa cada uno cuando está fuera de su país: 210
el mexicano se ve mejor, el norteamericano empeora; pero en ambos casos la impresión es falsa porque no corresponde sino de lejos a la realidad nacional de cada uno. Lo fuerte de Estados Unidos es la colectividad y no el individuo; lo mejor de México es la persona individual, no la social. De ahí que 215
el norteamericano mirado como individuo rara vez se encontrará que es distinguido, es decir, distinto, y parece casi siempre vulgar. El mexicano, **a la inversa**, se verá distinguido, distinto o individual. Entonces poco o nada se habría ganado
en comprensión. 220

PUNTOS DE VISTA: 9
¿Es verdad que "lo fuerte de Estados Unidos es la colectividad y no el individuo"? ¿El norteamericano se cree primero ciudadano con la protección del estado o se cree un hombre particular que depende de sí mismo?

---

sobre todo: above all   **apuntarían:** point out   **señalarían:** indicate
avive: heighten   **a la inversa:** on the contrary

La investigación de profesores y estudiantes de la vida presente o de la historia del otro país, es quizás la obra de entendimiento más segura. Y en esto toda la **alabanza** va para el norteamericano y el reproche para el mexicano. **De todos modos**, los grupos pequeños de intelectuales de uno y otro país que se ocupan de los problemas del otro son, en realidad, los únicos que **labran** en terreno firme, aun cuando, como es natural, su obra es lenta, pequeña, a veces inactual, ante la urgencia y la magnitud de los problemas de ahora.

Pocas parecen ser las fuerzas con que México podría contar para subsistir. Pero las decisiones que va tomando Norteamérica en su política internacional irán **repercutiendo** en la opinión pública de México. Estados Unidos ha conjurado en su defensa a las peores fuerzas **retrógradas**. Puede ese país contar con el apoyo de los grandes capitanes Franco, Somoza y Trujillo;[7] pero no [con] los elementos liberales de México y de Hispanoamérica.

Por fortuna, el liberal mexicano no estará enteramente solo: lo acompañarán los liberales norteamericanos, que no son pocos. De la opinión pública norteamericana pueden esperarse ciertamente grandes aberraciones, pero también la más limpia justicia.

ESTUDIO DE PALABRAS

Nombres

apetito	cantidad
artes	circunstancias
calidad (48)	consecuencia
calma	consistencia

alabanza: praise   **de todos modos:** in any case   **labran:** work
repercutiendo: echoing   **retrógradas:** reactionary

[7] Francisco Franco, Jefe de Estado de España desde 1936.
   Anastasio Somoza, dictador de Nicaragua, 1936–1956.
   Rafael Trujillo, presidente y dictador de la República Dominicana. Dominó la política de ese país de 1930 a 1961.

dificultad
diplomáticos
divorcio
doctrina
elementos
escala (41)
escéptico (57)
espíritu
excepción
explotación
extremo
facilidad
hábitos
honor
igualdad (86)
imaginación
impaciencia
impresión
independencia
liberalismo
libertad
líderes (193)
magnitud
manera

observador
obstáculo
opinión
oportunidad
órganos
persecución
población (132)
político
posesión
proceso
rebelde
relaciones
repugnancia (149)
responsabilidad
reverencia
revolución
ritmo
sentimiento
signo
tono
turista
víctima
virtud

Adjetivos

adicional
adversa
aristocráticos
complicado
común
continua
democráticas
desfavorable (169)
desproporcionada (59)
diferente
distintas

diversos
enemiga
espiritual
firme
fluida
generosa
independiente
indisciplinado (133)
inferior
inmenso
insaciable

instantáneo
irracionales
limitados
material
modelo
mutuo
obvia
oficiales
peligrosas (17)

profunda
reciente
religioso
respectivas
serios
sexuales
superiores
tangibles
vulgar

Adverbios

ciertamente
enteramente
fabulosamente
físicamente
moralmente
predominantemente

realmente
simplemente
simultáneamente
tradicionalmente
vagamente

Verbos

afirmar
ambicionar (72)
apreciar
combatir
conformar
corresponder
deformar
denunciar

destruir
explicar
explorar
inclinar
irritar
preocupar
remover
sufrir

Palabras derivadas

I

comprender   *comprensión*   comprensivo (200)
conservar *conservación*   *conservador* (adj., n.) (114, 196)
decidir   *decisión*   *decisivas* (231, 144)
penetrar   *penetración* (144)
producir   producción   producto   productor (60)

reaccionar *reacción* *reaccionario* *reacciones* (114, 194, 15)
separar separación separado (209)
solucionar *solución* (30)

II

acostumbrar *acostumbrado* costumbre (42)
aliar *aliada* alianza (166, 155)
conocer conocido desconocido *conocimiento* (203)
separar separado separación (209)
unir *unidos* unidad unión (102)

III

conservar *conservador* *conservación* (196, 114)
jugar jugador *juego* (163)
producir productor producto producción (60)

IV

completar completo completamente (168)
defender *defensa* defensivo (234)
dudar duda *dudoso* (5)
gozar gozo *gozosa* (142)
obrar *obra* obrero (222)
ocurrir ocurrencia (126)
resistir resistencia (126)
voluntad *voluntario* *voluntariamente* (141, 188)

Palabras en el contexto

Compruebe el significado de las siguientes palabras de acuerdo con el texto y escriba una oración con cada palabra.

audacia (105)   desconfiado (57)   preconcebidas (26)
complejo (2)   envidiar (72)   requiere (52)
contar (30)   obedecer (133)   técnica (67)
cultivo (186)

EJERCICIOS DE COMPRENSIÓN

1. Comentario estructural

Explique el sentido y el uso de estos verbos subjuntivos.

se llame (11)	se hagan (87)	incline (161)
se basen (47)	sea (88)	importe (164)
pretendan (48)	sea (90)	quiera (167)
se haya montado (62)	concurriera (116)	sea (184)
fuera (69)	viniera (148)	avive (207)
digamos (71)		

2. Traducción

Líneas: 2–6, 28–35, 53–58, 65–67, 128–131, 135–142, 182–185, 215–218, 230–231.

3. Interpretación

De las tres posibilidades ofrecidas, termine la frase con la que refleja mejor las ideas del autor.

1. En 1947 los Estados Unidos tenían relaciones excelentes con...
   a. México   b. China   c. la Unión Soviética
2. El norteamericano cree que el mexicano es un hombre...
   a. de tremenda vitalidad   b. de poca imaginación   c. de apasionado romanticismo
3. El norteamericano basa sus juicios en...
   a. la calidad   b. la amistad   c. la cantidad
4. El mexicano, pobre en recursos, es un hombre...
   a. espiritual   b. ciego   c. esclavo
5. Para el norteamericano la riqueza es...
   a. un fin   b. un medio   c. un inconveniente
6. Los norteamericanos inventaron las mayores instituciones...
   a. socialistas   b. religiosas   c. democráticas
7. España no participó en la revolución...
   a. liberal   b. comunista   c. china
8. El indio mexicano obedece...
   a. la prensa   b. la propia voluntad   c. al amo

9. Los mexicanos creían que la iglesia era enemiga de...
   a. los yanquis   b. Dios   c. la riqueza
10. Los ciudadanos norteamericanos tienen...
    a. esclavos   b. opiniones independientes   c. miedo

4. Preguntas

Conteste Ud. a las preguntas en términos del enunciado inicial y de su comprensión del texto.

1. Al mexicano le irrita la prisa y la riqueza del norteamericano.
   a. ¿Qué efecto causa el norteamericano en el mexicano?
   b. ¿Quién tiene prisa?
   c. ¿A quién le irrita la prisa?
   d. ¿De quién es la riqueza?
2. El norteamericano cree que el mexicano es inferior y que no tiene vitalidad.
   a. ¿Admira el norteamericano al mexicano?
   b. ¿Es el mexicano un hombre de mucha fuerza?
   c. ¿Cree el norteamericano que es superior al mexicano?
   d. ¿Por qué se cree superior el norteamericano?
3. Los juicios del norteamericano se basan en la cantidad y los del mexicano se basan en la calidad.
   a. ¿A quién le importa la calidad?
   b. ¿A quién le importa la cantidad?
   c. ¿Cuál de los dos emplea juicios de magnitud?
   d. ¿Quién apoya los valores espirituales?
4. México es un país pobre en recursos materiales.
   a. ¿De qué país se trata?
   b. ¿Es rico México?
   c. ¿Qué clase de recursos le faltan a México?
   d. ¿Tiene México riqueza material?
5. Antes el mexicano creía en Dios porque le importaba la virtud.
   a. ¿En qué creía el mexicano?
   b. ¿Qué le importaba al mexicano?
   c. ¿Para quién tenía importancia la virtud?
   d. ¿Es verdad que los mexicanos no tenían mucha fe?
6. El norteamericano ha tenido un apetito insaciable de riqueza.
   a. ¿De qué ha tenido hambre el norteamericano?

b. ¿Era limitada el ansia de riqueza del norteamericano?
c. ¿Ésta le parece a Ud. una interpretación muy espiritual del norteamericano?
d. ¿Qué quiere obtener este norteamericano?
7. La Iglesia Católica fue enemiga de la nueva nación mexicana.
   a. ¿De qué Iglesia se trata?
   b. ¿Cuáles eran las relaciones entre México y la Iglesia?
   c. ¿Cuándo pasó esto?
   d. ¿El autor es amigo o enemigo de la Iglesia?
8. En el siglo dieciocho los Estados Unidos tenían un territorio confinado a la costa atlántica.
   a. ¿Qué región se menciona aquí?
   b. ¿Cuánto territorio tenía los Estados Unidos al principio?
   c. ¿En ese tiempo eran los Estados Unidos un poder continental?
   d. ¿En qué época pasó esto?
9. La personalidad del indio mexicano hará muy difícil su conversión a la manera de vida norteamericana.
   a. ¿Qué grupo de personas se menciona aquí?
   b. ¿Qué limitará la conversión del indio?
   c. ¿Será fácil o difícil esta conversión?
   d. ¿Con qué se compara aquí la vida del indio?
10. Después de la Segunda Guerra Mundial los Estados Unidos se hallaban en crisis por la intransigencia reaccionaria de su gobierno.
    a. ¿De qué guerra se trata?
    b. ¿Cuál era la condición de los Estados Unidos en esa época?
    c. ¿Cuál era la actitud del gobierno norteamericano?
    d. ¿En qué época pasó esto?

ANÁLISIS

Prepare Ud. una contestación a uno o más de los *Puntos de vista* incluidos en el texto de "México y Estados Unidos".

Luis Quintanilla

EL DIABLO GÓTICO

Luis Quintanilla (1900–   ), escritor y diplomático, fue presidente de la Organización de Estados Americanos y después catedrático de la Universidad Nacional Autónoma de México.

En una época tan racionalista como la nuestra, en que la religión ha llegado a ser una fuerza esencialmente social y los misterios eternos y las representaciones divinas han perdido importancia, es fácil olvidar que no siempre fue así. En la época medieval, por ejemplo, las divinidades intervenían regularmente en la vida diaria y el hombre se preocupaba constantemente por las intenciones muchas veces incomprensibles de Dios, del diablo y del destino. Por lo tanto, el **diablo** *gótico representaba para el hombre uno de los aspectos más esenciales de su realidad.*

VOCABULARIO ACTIVO

arrastrar   to drag
cadenas   chains
campesino   peasant
castigar   to punish
clérigo   clergyman
durar   to last
duro   hard
ejército   army
juzgar   to judge
partidario   partisan, follower

paso   step
placer (*m.*)   pleasure
poseer   to possess
publicar   to publish
puesto   position, post
regla   rule
reunir   to gather together
surgir   to arise
tentar   to tempt
tirar   to pull

diablo: devil

De *Cuadernos*, no. 77, Oct. 1963, págs. 45–52.

Desde los tiempos más remotos aparece la idea de un espíritu **maligno** que se **deleita** torturando al hombre tomándole como un **juguete**, y siempre induciéndole a hacer el mal. El espíritu maligno surge cuando menos se espera, provoca las catástrofes, y[a] los que se dejan dominar por él les **acarrea** el castigo eterno.

Muchos siglos antes de Jesucristo **se concibió** en Persia la historia del mundo como una serie de evoluciones anunciadas por un profeta, cada una de mil años, al final de la cuales vendría la deseada felicidad en el **paraíso** definitivo: la tierra sería una fértil **llanura**, no habría más que un solo idioma, una ley común y un gobierno para todos los hombres. Pero el maravilloso acontecimiento sería precedido de terribles calamidades, y ya interviene el diablo: Dahak, el Satanás de Persia, rompe las cadenas que le han **sujetado** durante siglos, y cae sobre el mundo con furia infernal de manera que los **sobrevivientes** no olviden la trágica lección.

Es de la antigua Persia de donde nos viene, no sólo el terrible Dahak, sino el perverso diablo buscando personalmente sus clientes. El pueblo hebreo dió el gran paso religioso creando el monoteísmo. De ese pueblo sale la idea del dios único, Jehová; pero el monoteísmo judío se adultera al introducir de la religión persa el Mazdeísmo, cuyo profeta fue Zoroastro o Zaratustra. El Mazdeísmo se basaba en el **principio** del Bien, Ahuromazda u Ormazd, y el principio del Mal, Ahrimán. Las dos divinidades se oponen, y toman como campo de batalla el mundo, y como víctima al pobre hombre, tirando de él cada uno por su lado, a ver quién puede más, y no hay duda de que quien llevará la peor parte en esta pugna será el hombre.

Las creencias y moral del pueblo judío quedaron en la Biblia. Es del hebreo de donde nos viene la palabra Satán, que significa acusador, adversario, y con estos títulos figura en las Escrituras ocupando un **cargo** de transcendental importancia, cuyo carácter queda definido en los siglos III y II antes de la era cristiana. En el primer capítulo del libro de Job bíblico

---

maligno: evil **deleita**: delights in **juguete**: plaything, toy **acarrea**: brings upon
se concibió was conceived **paraíso**: paradise **llanura**: plain
sujetado: held **sobrevivientes**: survivors **principio**: principle **cargo**: position

dice: "Y un día vinieron los hijos de Dios a presentarse delante de Jehová, entre los cuales vino Satán. Y dijo Jehová a Satán: ¿De dónde vienes? Y respondiendo Satán a Jehová, dijo: De **rodear** la tierra y andar por ella". Satán es, pues, uno de los hijos preferidos de Jehová, su informador, que pronto pasa a ser el acusador y el agente provocador. Satán **se encara** con Jehová y le sugiere ideas perversas aumentando los **arrebatos** de **cólera** del Dios de los judíos. **Alega** ante Jehová que no es ningún mérito conservarse virtuoso cuando se **disfruta** del privilegio de la salud, bienestar **familiar** y riquezas, como es el caso de Job. Satán se presenta materialista, y del placer material de la abundancia o la desgracia de la miseria trata de derivar el **proceder** moral. Job triunfó por su maravillosa resignación; pero Satán no podía cambiar su pasión diabólica, y continuó sus experiencias tentadoras. Vuelve a aparecer en las **"Crónicas"** y en el libro de Zacarías, donde ya Jehová le **reprende,** y Satán inicia su independencia, según se ve más tarde en el Nuevo Testamento.

PUNTOS DE VISTA: 1

¿Qué representa en la historia bíblica los sufrimientos de Job? ¿Cuál es su valor simbólico?

Con el cristianismo toma el nombre de diablo. La tradición cristiana refiere la lucha celestial que motivó el gran poder del diablo: Lucifer, el más hermoso y **resplandeciente** arcángel, como lo indica su nombre primitivo, Luzbel. Como buen conspirador, hace **prosélitos** y prepara la rebelión de los ángeles. La rebelión **estalla**; pero, contenida en el primer momento, degenera en guerra civil. **Capitanea** los ángeles adictos a Dios y fieles a las normas celestiales el arcángel Miguel. La lucha es dura, llena de sorpresas, de ataques **relámpagos,** hasta que los ángeles fieles consiguen **expulsar** del

rodear: go around   **se encara:** comes face to face   **arrebatos:** rages
cólera: anger   **alega:** alleges   **disfruta:** enjoys   **familiar:** family
proceder: conduct   **Crónicas:** Chronicles   **reprende:** reprehend
resplandeciente: resplendent   **prosélitos:** converts   **estalla:** breaks out
capitanea: leads   **relámpagos:** lightning quick   **expulsar:** expel

cielo a los rebeldes partidarios de Lucifer. Lucifer, lejos de abandonar la lucha, la continúa de manera insistente y **solapada**.

En el arte observamos que los primitivos cristianos no manifestaron mucho interés por recordar al diablo. Sin duda su profunda fe en las máximas del Evangelio, la sublime elevación moral de la **hermandad** y la **caridad**, les impedía pensar que podían ser víctimas de un espíritu maligno **contrariando** las ideas de Jesús. La forma más antigua del diablo por los artistas cristianos es la serpiente del Génesis en la escena de seducir a Eva al pecado. Luego aparece Satán en un fresco del cementerio de Santa Inés, con el busto humano terminado en la **cola** de una serpiente. El mismo tema de la serpiente simbolizando al diablo se encuentra en algunos sarcófagos. Es la idea de la serpiente que procedía de la antigüedad. Y así también puede verse en una primitiva miniatura italiana, muy rara, conservada en la Biblioteca Nacional de París.

PUNTOS DE VISTA: 2

En la época medieval la religión cristiana explicó la realidad universal en términos de un eterno conflicto entre el bien y el mal, entre Dios y el diablo. Para las religiones cristianas de hoy, ¿es la misma realidad o es una diferente?

Durante una larga **temporada** el diablo está tranquilo, ocupando un puesto secundario en la religión cristiana. **Avanzando** la Edad Media es cuando el diablo empieza sus terribles **fechorías**. Surge detrás de un árbol, de una puerta, en las **cabeceras** de las camas: se introduce en el cuerpo de sus víctimas y produce enfermedades cuyos nombres se conservan en algunos términos médicos, como la epilepsia, o sea que el paciente es poseído (interceptado) por el diablo, y se le aplica la terapéutica del exorcismo, yendo con el agua **bendita** reduciendo al maligno a una parte del cuerpo para terminar

---

solapada: cunning   **hermandad**: brotherhood   **caridad**: charity
contrariando: opposing   **cola**: tail   **temporada**: period   **avanzando**: advancing
fechorías: villainies   **cabeceras**: headboards   **bendita**: holy

sacándole de él. "Ubique daemon,"[1] el demonio en todas partes, y las palabras de Jesús, "Vade retro, Satana",[2] se repiten constantemente.

El demonólogo Jean Wier publicó en Basilea[3] en 1568, el libro "De praestigus", catalogando, al parecer con gran precisión y sin error de cálculo, los diablos medievales. Según ese especialista en demonología, el ejército infernal se componía de 72 **príncipes,** con 7.405.926 diablos, divididos en 1.111 legiones, acompañada cada una de 6.666 **compinches.**

PUNTOS DE VISTA: 3

¿Cómo influía la concepción del diablo en la vida cristiana medieval? ¿Importaba sólo para la teología o limitaba también la existencia del hombre? ¿Cómo?

Los santos son tentados. San Martín en el momento de morir descubre el diablo junto a su cama y sostiene con él una lucha violenta. Los menos virtuosos, que están lejos de ser santos, sufren crisis cuando en la noche oyen un ruido, y al día siguiente piden la purificación del agua bendita. La imagen del diablo entra en las iglesias y en los libros cristianos.

Para mejor comprender la importancia del diablo, vamos a recordar que el arte medieval es una **escritura sagrada.** Al principio la iconografía cristiana se **nutre** del arte pagano grecorromano. Las pinturas de las catacumbas representan a la Virgen Madre, tomando la figura de la matrona de un fresco pompeyano. El Cristo, cuando tiene **barba, procede** del tipo del Zeus griego, y si es **imberbe,** de Apolo. El buen **pastor,** emblema de Jesús, se deriva de las estatua de Endimión[4] o Hermes.[5]

príncipes: princes **compinches:** pals **escritura sagrada:** sacred writing
nutre: nourish **barba:** beard **procede:** comes from **imberbe:** beardless
pastor: shepherd

[1] Ubique daemon—"The omnipresent devil", tema popular en la literatura medieval.
[2] Vade retro, Satana—"Get thee behind me Satan."
[3] Basle, Switzerland.
[4] Endimión—pastor griego, enamorado de Selene (la luna), que recibió la inmortalidad y el descanso eterno.
[5] Hermes—dios griego, generalmente representado como un joven alegre. Entre sus muchas funciones era el dios de los atletas y el mensajero de los dioses del Olimpo.

Sientan a Jesucristo como a un emperador romano, y se puede continuar citando más ejemplos. Pero el diablo, no; ese diablo primitivo del cristianismo no es ni el sátiro[6] ni el fauno[7] de la mitología griega. Es, todavía, una imagen vaga, según dijimos, que evoca a la serpiente. También en el arte cristiano, lleno de símbolos, el diablo no lo es. El diablo no **tiene** nada **que ver** ni **con** esos misterios simbólicos ni con otros más simples: el diablo es concreto.

El diablo del cristianismo es una creación completamente gótica; es el gran arte gótico el que define al diablo y determina sus formas y actividades. Es [en] la Catedral, donde el diablo gótico cumple maravillosamente su misión. La Catedral la crea una época, un clima espiritual. Toda ella tiene una finalidad precisa: hacer la casa de Dios, y a su vez la casa del pueblo. Bajo sus **bóvedas** se reunían fraternalmente unos y otros sin distinción de situación social. ¡En esos siglos bárbaros, violentos, se persevera durante cientos de años en definir la enorme construcción de los templos cristianos! Por la fe en Dios hecho hombre, muerto y resucitado, surgió una arquitectura de gran belleza y maravillosas **líneas** exaltadas buscando el cielo. La Catedral gótica es un **tratado** de teología, arte, literatura, política. Cada cosa ha sido meditada y estudiada; miles de hombres trabajaron en ella con sus cerebros y sus manos, y el resultado no deja duda de su grandiosidad.

PUNTOS DE VISTA: 4

¿Por qué no hallamos la figura del diablo en las catedrales modernas? ¿No tiene importancia ya el concepto del mal y la representación del pecado en las religiones cristianas?

Con la catedral se llega al **apogeo** de los símbolos. Hemos visto que cada imagen de la Catedral, ha sido estudiada siguiendo una lógica, pero todas esas imágenes **sometidas** al canon que

tiene ... que ver ... con: has to do with **bóvedas:** domes, vaults **líneas:** lines **tratado:** treatise **apogeo:** high point **sometidas:** submitted

[6] Sátiro—dios de la fertilidad, de menor importancia. Dios alegre de las fiestas, era **peludo** (hairy), con la cola de un caballo y las **orejas** (ears) de una **cabra** (goat).

[7] fauno—dios romano, similar al sátiro griego, medio hombre y medio cabra.

determina como debe ser la figura; sí, todas menos el diablo. El diablo es tan independiente que no se le puede someter a cánones ni reglas, y el artista de la Edad Media le interpretaba según su capricho, dejando en plena libertad su inspiración artística. Por eso son los diablos las figuras más variadas y menos monótonas de la estatuaria gótica, con el privilegio de ser la única figura de la Catedral que puede estar **desnuda**; y así es, allí está el diablo sabiéndolo todo, no perdiendo detalle de las acciones de los hombres y sus pensamientos, anotándolos y esperando su hora, que llegará el día del Juicio Final.

Generalmente, en la puerta principal de la Catedral se representa ese definitivo momento de juzgar las almas según su comportamiento durante la vida. Vemos que los ángeles y los purificados que han ganado la Gloria celestial no muestran ni contento ni alegría, conservan una **sequedad** algo rígida, que parece indiferencia, mientras que por los diablos el **regocijo** gráfico es explosivo. Los escultores se **desbordaron** acentuando las formas más expresivas. Los diablos parecen reír arrastrando a los condenados con fuerte cadena, introduciéndolos en las **calderas** de aceite **hirviendo**, haciendo unos y otros contorsiones de danza, gestos obscenos, y no faltan algunos **pormenores** de realismo sexual. Y es que el diablo gótico, el medieval, esperaba ese resultado de su infatigable actividad. Ni el más vulgar campesino, comerciante, **sabio**, príncipe, rey, clérigo, obispo o papa se **libran** de ser sus víctimas. El diablo gótico **sonríe** satisfecho cuando les tiene en el infierno, a cada uno con los atributos de su profesión o estado.

PUNTOS DE VISTA: 5

¿Es más fácil para el hombre imaginar los tormentos del infierno que las glorias del cielo? ¿Por qué?

El diablo fue una necesidad en la noche oscura de la Edad Media. No bastaban las elevadas, nobles y virtuosas máximas

desnuda: naked   **sequedad:** dryness   **regocijo:** joy
desbordaron: surpassed themselves   **calderas:** kettles   **hirviendo:** boiling
pormenores: details   **sabio:** scholar   **libran:** spared   **sonríe:** smiles

para contener las terribles y violentas pasiones del hombre medieval. El diablo actuaba de gendarme, y nadie podía evitar su intervención. No espera que los hombres se acerquen a él; les busca en sus debilidades.

La psicología del diablo gótico es profundamente humana; no ofrece conceptos extraterrenos como la idea de Dios. El diablo gótico sabe de los hombres y, hablándoles su lenguaje, les prepara para que caigan más prontamente. Y lo curioso es que por lo general siempre llega el momento oportuno. El diablo gótico no inventa nada; sólo fomenta los vicios de los hombres y después los denuncia. Pero ¿qué pueden hacer los hombres contra el diablo si ni el mismo Dios le domina?

El magnífico arte gótico dedicó gran parte de su exaltada imaginación a descubrir y **concretar** al diablo. Cualquier curioso visitante de una catedral gótica, en cuanto busque, encontrará al diablo; allí también se instaló, en la casa de Dios y del pueblo; allí proclamó su poder e independencia.

El **reino** del diablo gótico duró desde principios del siglo IX hasta fines del XV, después entró en decadencia, se hizo **"démodé"**.

ESTUDIO DE PALABRAS

Nombres

abundancia
acusador
adversario
agente
ángeles
artistas
ataques (63)
atributos
busto
calamidades
catástrofe
catedral

clientes
comportamiento
decadencia
distinción
divinidades
escena
especialista
estatua
evolución
figura
furia
historia

concretar: make concrete   **reino:** kingdom   **démodé:** out of fashion

infierno
lógica
mérito
miseria
mitología
monoteísmo (21)
normas
paciente

precisión
privilegio
purificación
serie
serpiente
templos
vicios
víctima

Adjetivos

acompañada
bárbaros (130)
concreto
condenados (161)
curioso
diabólica
elevadas
exaltadas
explosivo
fértil
infernal
insistente
maravilloso
miniatura
monótonas (147)
obscenos
pagano

perverso
precisa
primitivo
profunda
remotos
rígida
secundario
sexual
simple
sublime
trágica
tranquilo
transcendental
vaga
variadas
violenta
virtuoso

Adverbios

completamente
fraternalmente
generalmente

maravillosamente
personalmente
profundamente

Verbos

abandonar
adulterar (22)

anunciar
aplicar

denunciar
derivar
dominar
iniciar
interpretar
intervenir

motivar
preceder
provocar
seducir
significar
torturar

Palabras derivadas

I

concebir concepción concepto (7)
conspirar conspiración *conspirador* (59)
definir definición *definido* (35)
degenerar degeneración degenerado (61)
dividir división dividido (99)
expresar expresión *expresivas* (160)
incorporar corporación *cuerpo* (86)
indicar indicación indicado (58)
informar información *informador* (41)
ocupar ocupación (34)
provocar provocación *provocador* (42)
tentar tentación *tentadoras* (51)

II

informar *informador* información (41)
jugar jugador juego *juguete* (3)
luchar luchador *lucha* (56)
pecar pecador *pecado* (75)
provocar *provocador* provocación (42)

III

apasionarse *pasión* apasionado (50)
castigar *castigo* (6)
debilitar débil *debilidades* (175)
enfermarse *enfermedad* enfermo (n. + adj.) (87)
pintar *pinturas* pintor (n.) (110)

preferir *preferidos* preferencia (41)
rebelar *rebelión* rebelde (n. + adj.) (59)
referir referencia (56)
simbolizar símbolo simbólico (77)
triunfar triunfo triunfante (49)

Palabras en el contexto

Compruebe el significado de las siguientes palabras de acuerdo con el texto y escriba una oración con cada palabra.

aumentar (43)	gestos (163)	purificar (156)
clima (127)	imagen (105)	resultado (138)
conservada (80)	partidarios (65)	sorpresas (63)
detalle (150)		

EJERCICIOS DE COMPRENSIÓN

1. Comentario estructural

Examine el uso de los siguientes participios.

anunciadas (8)	preferidos (41)	yendo (90)
deseada (10)	aumentando (43)	reduciendo (91)
buscando (19)	contrariando (72)	muerto (133)
creando (21)	simbolizando (77)	ha sido meditada (136)
tirando (27)	conservada (80)	siguiendo (140)
ocupando (34)	ocupando (82)	sabiéndolo (149)
definido (35)	avanzando (83)	purificados (156)
respondiendo (39)	poseído (89)	hablándoles (178)

2. Traducción

Líneas: 26-30, 47-49, 61-63, 85-89, 126-130, 143-146, 177-179.

3. Interpretación

De las tres posibilidades ofrecidas, termine la frase con la que refleje mejor las ideas del autor.

1. El diablo siempre tienta al hombre a ...
   a. amar a Dios   b. hacer el mal   c. asistir a la iglesia
2. Dahak, el satanás de la antigua Persia ...
   a. rompió sus cadenas   b. se hizo campesino   c. publicó un libro famoso
3. El monoteísmo surgió por primera vez en la religión ...
   a. católica   b. persa   c. hebrea
4. Vemos a Satán por primera vez en ...
   a. el Viejo Testamento   b. el Nuevo Testamento   c. Egipto
5. Lucifer reunió un gran ejército ...
   a. para castigar al hombre   b. para obtener riquezas   c. para rebelarse contra Dios
6. El diablo llegó a tener gran importancia en ...
   a. la Edad Media   b. el Renacimiento   c. el siglo dieciocho
7. Los primeros símbolos de Cristo surgen en ...
   a. el Viejo Testamento   b. los partidarios del diablo   c. la mitología griega
8. La gran creación de la época medieval fue ...
   a. la catedral   b. la economía feudal   c. el ejército moderno
9. En el arte gótico, la única forma libre de reglas formales fue ...
   a. Cristo   b. el diablo   c. el clérigo
10. En el arte gótico el diablo ...
    a. juzga a los hombres   b. reúne a sus partidarios   c. tiene placer en castigar al hombre

4. Preguntas

Conteste a las preguntas en términos del enunciado inicial y de su comprensión del texto.

1. En Persia creían que el paraíso sería precedido de terribles calamidades.
   a. ¿Dónde pasó esto?
   b. ¿Qué vendría después de las calamidades?
   c. ¿Qué temían los persas?
   d. ¿Qué dios debía traer estas calamidades?
2. El mazdeísmo se basaba en el conflicto entre los principios del bien y del mal.
   a. ¿A qué religión se refiere?

b. ¿Describió esta religión un mundo de paz o de conflicto?
   c. ¿Cuál fue el enemigo del bien?
   d. ¿Quién fue el profeta de esta religión?
3. Job defendió su virtud contra las tentaciones de Satán.
   a. ¿Qué hizo Job con su virtud?
   b. ¿Qué hizo Satán?
   c. ¿Contra quién se defendió Job?
   d. ¿Qué quería Satán que Job negara?
4. El ejército de ángeles reunido por Luzbel atacó a los partidarios de Dios.
   a. ¿Quiénes eran los miembros de este ejército?
   b. ¿Quién era el capitán del ejército?
   c. ¿Quién era el capitán del ejercito enemigo?
   d. ¿Quiénes defendieron a Dios?
5. El diablo tentador y cultivador de placeres tenía gran poder en la Edad Media.
   a. ¿Cuándo pasó esto?
   b. ¿Quién tenía tanto poder?
   c. ¿Qué cultivaba el diablo?
   d. ¿Quién era el gran tentador?
6. El diablo, creación completamente gótica, cumple su misión en la Catedral.
   a. ¿En qué época se inventó el diablo?
   b. ¿Qué cumple el diablo?
   c. ¿Dónde encontramos al diablo?
   d. ¿Cuál es la función de este diablo?
7. En el arte cristiano, lleno de símbolos, solo el diablo es concreto.
   a. ¿De qué arte se trata?
   b. ¿De qué está lleno este arte?
   c. ¿El diablo aquí es simbólico o concreto?
   d. ¿Las otras figuras religiosas son simbólicas o concretas?
8. En la Catedral medieval todo sigue reglas formales, menos el diablo.
   a. ¿De qué institución medieval se trata?
   b. ¿Qué clase de reglas son?
   c. ¿Qué reglas sigue el diablo?
   d. ¿El arte medieval era formal o libre?
9. Los diablos sentían mucho placer en arrastrar a los condenados con cadenas.

a. ¿Quiénes castigaban a los condenados?
b. ¿Qué les hacían a los condenados?
c. ¿Quiénes sentían placer?
d. ¿Quiénes llevaban las cadenas?
10. El diablo no inventa nada, sólo fomenta los vicios del hombre.
a. ¿Qué inventó el diablo?
b. ¿De quién son los vicios?
c. ¿Qué fomenta el diablo?
d. ¿Por qué el hombre bueno no tiene miedo del diablo?

ANÁLISIS

Prepare Ud. una contestación a uno o más de los *Puntos de vista* incluidos en el texto de "El diablo gótico".

Gonzalo Báez-Camargo

EL COMUNISMO, SEGÚN EL MARXISMO CLÁSICO

Gonzalo Báez-Camargo (1899–), periodista y escritor puertorriqueño, publicó este artículo en la revista Nueva Democracia. *Para comprender las fuerzas sociopolíticas operantes en el mundo hispánico del siglo XX es necesario entender las ideologías socialistas y desgraciadamente los norteamericanos tienden a confundir socialismo, comunismo y marxismo como si fueran sinónimos de la misma conspiración internacional. El artículo que sigue será útil para aclarar un poco esta confusión.*

VOCABULARIO ACTIVO

aumentar to increase
bienes (m.pl.) property, goods
consejo council
convenir to be advisable
chocar to clash, crash
ejercer to exercise
fábrica factory
fuente (f.) source

invertir to invest
juego play; game
nombre (m.) name
prejuicio prejudice
promover to promote
semejante similar
sindicato union
tarea task

De *Nueva Democracia*, no. 2. 1962, vol. XLII, Nueva York, págs. 96–104.

El **término** *comunismo* cubre en realidad una gran variedad de casos y de movimientos. Existe un comunismo primitivo que se da, por ejemplo, entre los indígenas antiguos de América. La **propiedad** de la tierra es comunal. Los casos más notables fueron el *calpulli* de los aztecas, y la organización agraria de los incas, en el Perú. La Iglesia Cristiana primitiva practicó también una forma de comunismo. El régimen de las órdenes monásticas es de comunidad de bienes. Y en la historia de las ideas económicas y sociales, se podrán encontrar muchas variedades utópicas de comunismo.

Pero en el concepto moderno se aplica el término comunismo a una forma particular del socialismo. Según Emiliano Durkheim:[1] "Es socialista toda doctrina que **preconiza** el **enlace** de todas las funciones económicas o de algunas de ellas con los centros directores de la sociedad". En este sentido el socialismo se opone al capitalismo que, esencialmente, consiste en promover la producción por medio de la concentración de capitales y el empleo de trabajo asalariado, dejando las funciones económicas a la iniciativa privada y la libre **competencia**.

PUNTOS DE VISTA: 1

¿Cuáles son los beneficios socioeconómicos de la iniciativa privada?
¿Cuáles son los aspectos inconvenientes de la misma?

Hay variedades en el socialismo, según las funciones económicas que se enlazan, el modo de enlazarlas, los centros directores en que se enlazan (¿Estado, sindicatos, municipio?) y el método que se sigue para mantener **dicho** enlace. El comunismo preconiza el enlace de todas las funciones económicas a base de la propiedad social o común de las fuentes de producción, distribución y crédito, ejercida exclusivamente por el

término: word   **propiedad:** ownership   **preconiza:** foresees   **enlace** (*m.*): union
competencia: competition   **dicho:** aforementioned

[1] Emile Durkheim (1858–1917), uno de los líderes de la sociología francesa moderna, que intentó explicar todos los fenómenos humanos e intelectuales en términos de la vida social.

Estado, el cual está representado por un gobierno central con poderes absolutos. El enlace se establece **mediante** la revolución violenta y la fuerza.

Aunque el comunismo es teóricamente una forma de socialismo, en la actualidad reservamos el nombre de socialismo a las variedades que no son esencialmente comunistas. Y el de comunismo queda para el *comunismo marxista*. Todavía más, en la actualidad cuando se habla de *comunismo* se quiere decir generalmente el comunismo de tipo soviético (este incluye, hasta cierto punto, la forma que asume el comunismo chino).

PUNTOS DE VISTA: 2
¿Cuáles son las diferencias entre el marxismo clásico y el socialismo de la Unión Soviética moderna?

Orígenes o fuentes ideológicas del marxismo

Karl Marx estaba muy versado en la filosofía de Hegel,[2] en la cual le interesaba principalmente la doctrina de la dialéctica de la historia. Como se sabe, Hegel concebía el Pensamiento (el "Espíritu") como el motor de la historia, y por eso a su sistema se le denomina "idealismo histórico". La marcha de la Historia, según Hegel, se efectuaba por la constante contraposición de opuestos, en un juego de "tesis", "antítesis", y "síntesis".

Marx estudió también profundamente la filosofía de Ludwig Feuerbach,[3] quien **sustentaba** el materialismo, y además el antagonismo a la religión. Combinando la idea hegeliana de la dialéctica de la Historia, con el materialismo de Feuerbach, Marx formuló su sistema, denominado materialismo histórico o dialéctico. Y por Materia, en el caso de Marx, se entienden principalmente los recursos materiales para el sostenimiento de la vida y la manera como están organizadas las funciones para producirlos y distribuirlos.

mediante: by means of   **sustentaba:** supported

[2] Georg Wilhelm Friedrich Hegel (1770–1831), filósofo alemán.
[3] Ludwig Feuerbach (1804–1872), filósofo alemán. Para Feuerbach, la religión es una invención de la conciencia humana para escapar de las miserias de este mundo.

Encerrado en la Biblioteca del Museo Británico de Londres, **redactó** su obra monumental: *El capital*. Al aparecer las grandes fábricas y quedar eliminado el pequeño industrial, aparecieron las masas obreras asalariadas, lo cual dio lugar a profundos **trastornos** sociales. Inspirado por una simpatía apasionada hacia el obrero manual, contra el sistema industrial que ocasionaba todos esos trastornos, Marx fue elaborando sus principales doctrinas.

Doctrinas principales del marxismo clásico

Marx pretendió que su comunismo era de carácter "científico", en contraposición al socialismo utópico representado por reformadores y teorizantes sociales como Owen,[4] Saint-Simon[5] y otros. Y le denominó así porque pretendía haber descubierto leyes económicas semejantes a las biológicas.

PUNTOS DE VISTA: 3

¿Es verdad que el marxismo es un sistema "científico", o su visión del hombre y de la sociedad tiene aspectos utópicos?

Engels, el gran amigo y fiel colaborador de Marx, solía decir que "los dos grandes descubrimientos" de éste eran: "la concepción materialista de la historia" y "el secreto de la producción capitalista por medio de la **plusvalía**".[6]

La "concepción materialista de la historia" o materialismo histórico, se identifica en ciertos aspectos con el determinismo económico. Marx pretendía que todas las formas de existencia del individuo y la sociedad: ideas, sentimientos, costumbres,

redactó: edited   **trastornos:** disorders   **plusvalía:** appreciation, profit

---

[4] Robert Owen (1771–1858), industrial y reformador social inglés, creía que la personalidad del hombre es determinada por el medio ambiente y así el hombre no es responsable por sus actos. Por eso importa tanto la educación. Sus teorías económicas eran socialistas.

[5] Conde de Saint-Simon (1760–1825), filósofo socialista francés, era un visionario del orden social ideal. Creía que el gobierno central debía administrar los recursos nacionales en beneficio de todos los ciudadanos.

[6] plusvalía—la diferencia entre el importe (cost) de la producción y el precio de venta; la ganancia del capitalista.

creencias, instituciones, etc., se derivan de las condiciones de su existencia material, especialmente de "las condiciones de la producción". Decía: "La estructura económica de la sociedad (es la) base real y efectiva sobre la que **se traza** la estructura jurídica y política correspondiente a formas **determinadas** de la conciencia social". Y por su parte Engels explicaba: "Todos los fenómenos históricos se explican si se conoce el estado económico de la sociedad. Las ideas y creencias de una época determinada, se explican también por la interpretación de las condiciones de vida económica dominantes en la misma".

PUNTOS DE VISTA: 4

¿Cuáles son los límites de una interpretación principalmente económica de la historia? ¿Hay aspectos de la historia no explicados por esta doctrina?

La teoría marxista de la "plusvalía" se funda en el concepto de que lo que da valor a un producto es *exclusivamente* el trabajo que los **operarios** invierten en él. En realidad, se trata de una doctrina del famoso economista clásico David Ricardo,[7] que Marx adopta, sólo que éste piensa principalmente en el trabajo manual del obrero industrial. La conclusión que de esta idea del "valor—trabajo" se saca inevitablemente es que el trabajo de organización, administración y dirección, **así como** el trabajo de los técnicos, tienen poco o ningún valor. En todo caso, su valor es secundario en relación con el trabajo del obrero manual. **De ahí** resulta que según Marx, *el capital no produce valor.*

Quiere esto decir que el obrero tiene derecho a toda la ganancia que se obtiene. El capitalista que invirtió dinero en la compra de la **materia prima** no tiene ningún **título** a participar en esa ganancia.

se traza: is devised   **determinadas:** specific   **operarios:** working men
así como: just as   **de ahí:** therefore   **materia prima:** raw material   **título:** right

[7] David Ricardo (1772–1823), economista inglés, creía que los intereses de los propietarios eran contrarios a los de la sociedad. También creía que el valor de un producto debía determinarse sólo por la cantidad de trabajo que se necesitaba para producirlo.

PUNTOS DE VISTA: 5

Marx dijo que el capitalista no contribuye en nada a la producción. ¿Está Ud. de acuerdo? Explique.

Como se ve, la aplicación estricta de dicha doctrina significa presentar al capitalismo como, necesaria e inevitablemente, una explotación. Es algo que no depende, dicen los marxistas, de los buenos sentimientos del capitalista. Es algo que está implícito en la **índole** misma de la producción. Por su propia esencia, las ganancias del capitalista resultan así un robo al trabajador. De acuerdo con esa doctrina, se asigna al obrero manual toda la ganancia que resulta en la producción de un artículo.

De las dos teorías fundamentales del marxismo se deriva la teoría de la *lucha de clases*. Se piensa generalmente que Marx proclamaba que las clases *deberían chocar la una con la otra* y entrar en una lucha a muerte. Pero no es así. Lo que Marx decía era que la lucha de clases es inherente al sistema de producción capitalista. La lucha de clases *se produce* por el hecho de que el capitalismo es necesariamente una explotación.

Marx concebía el panorama de las luchas sociales y económicas bajo el capitalismo, como una serie de pasos bien marcados e inevitablemente seguidos uno de otro. Para Marx, el sistema capitalista de producción requiere inevitablemente una creciente concentración de capitales en cada vez menor número de manos. Lo cual significa un aumento también constante del proletariado. El proletario es, por definición, aquel que no tiene más propiedad que su fuerza personal de trabajo. El obrero depende exclusivamente de su salario. Se definen así, según Marx, cada vez de una manera más aguda e irreconciliable, las dos clases: ambas se hacen crecientemente internacionales; el proletariado se hace cada vez más revolucionario.

PUNTOS DE VISTA: 6

Según esta definición del marxismo, ¿hay en el mundo hoy una conspira-

índole: nature

ción internacional marxista o una variedad de socialismos independientes? Explique.

Aquí entra en acción la "dialéctica de la historia". Decían Marx y Engels: "La historia de toda sociedad es la historia de la lucha de clases". En otras palabras, la tesis es el capitalismo: la antítesis es la acción revolucionaria del proletariado, y la síntesis es la sociedad (sin clases) comunista. Nótese en todo este sistema, la poca atención que se concede a los campesinos. Marx tenía en mente una situación en un país altamente industrializado o industrializándose a grandes pasos, como era Inglaterra.

De lo **anterior**, se deriva el concepto de la *revolución mundial*. Las clases sociales se van haciendo cada vez más internacionales, la lucha entre ellas tiende también a transportarse más y más a un plano internacional. De acuerdo con la ortodoxia marxista, se ha de ser pesimista **en cuanto al** triunfo revolucionario del comunismo en un solo país. Esto lleva implícita la repudiación del patriotismo y el nacionalismo. El patriotismo se considera como un "prejuicio burgués". La verdadera patria del trabajador es *la clase proletaria internacional*.

Método revolucionario del marxismo

El curso que seguirán los acontecimientos está determinado por leyes económicas inexorables. En primer lugar, consideran indispensable que el capitalismo se desarrolle hasta sus últimas consecuencias. El marxista ortodoxo no intentará poner **estorbos** a su desarrollo. La plenitud del sistema capitalista es una premisa **insalvable** porque según el concepto marxista, el capitalismo lleva en sí los gérmenes de su propia disolución.

PUNTOS DE VISTA: 7

El capitalismo puro que deja completamente a la iniciativa privada las funciones económicas tampoco existe hoy en los Estados Unidos. ¿Por qué? ¿Vemos hoy un socialismo creciente en los Estados Unidos?

---

anterior: foregoing   **en cuanto al:** about   **estorbos:** obstacles
insalvable: inescapable

Todo lo que tiene que hacerse, es **exacerbar** el descontento, **avivar** la "conciencia de clase", organizar, adoctrinar y disciplinar al proletariado, preparándolo así para cuando llegue su hora. El marxismo ha creado así una *mística* del proletariado. Lo ha convertido en una abstracción ideal y le ha designado atributos mesiánicos. Es el proletariado como clase el que establecerá el nuevo orden económico y social. El proletariado es el "Mesías" colectivo que traerá a la tierra el milenio de la definitiva felicidad humana.

Con este triunfo vendrá el establecimiento de la "dictadura del proletariado". Dicha clase ejercerá un poder absoluto. Una parte decisiva de esa labor, consistirá en que el proletariado triunfante **se apoderará** de los medios de producción, **aboliendo** la propiedad privada de ellos.

De acuerdo con el marxismo clásico, sin embargo, esta dictadura es *provisional*.

Aquí conviene aclarar la idea de que el comunismo marxista postula la propiedad común absolutamente de todo. Lo cierto es que el marxismo, cuando habla de la abolición de la propiedad privada se refiere específicamente a los *medios de producción*. Cuando los frutos de la producción han sido distribuidos, la parte que a cada uno **toca** se considera como propiedad **particular**.

PUNTOS DE VISTA: 8

Marx pensaba esencialmente en los países industrializados. ¿Es posible aplicar un sistema marxista en los países hispanoamericanos, todos ellos esencialmente agrícolas?

Bajo la dictadura provisional del proletariado, tendrá lugar la final liquidación de la clase burguesa. Y como entonces, por lo menos en teoría, solamente existirá la clase trabajadora, el proletariado, se habrá llegado a la "sociedad sin clases", que es otro modo de decir la "sociedad de una sola clase".

Cuando tal cosa se haya logrado por completo, el Estado

---

exacerbar: increase   **avivar**: sharpen   **se apoderará**: take over
aboliendo: abolishing   **toca**: befalls   **particular**: private

proletario mismo desaparecerá como tal. Porque ya no le queda tarea que realizar. Si la función—que es el ejercicio del poder para la implantación del comunismo—ya no existe, el órgano desaparece.

Porque para Marx el Estado es un instrumento de una clase para dominar a otra clase. Y como según el marxismo, todo depende de la economía, el Estado será sustituido por un consejo de directores agrícolas, industriales y de la economía en general. Y como bajo el comunismo perfecto, las relaciones humanas son pacíficas y fraternales por su propia naturaleza, no será necesaria ya la policía. Se habrá **arribado**, entonces, a la nueva sociedad. La sociedad perfecta, feliz y definitiva.

Ya no habrá más juego de tesis, antítesis y nuevas síntesis. Porque se ha llegado a la síntesis final, perfecta, irremplazable. Se habrá establecido la libertad, la fraternidad y la prosperidad general. Se habrá realizado—decimos nosotros—la perfecta Utopía.

ESTUDIO DE PALABRAS

Nombres

antagonismo	fenómenos
artículo	ideas
aspecto	industrial
capital	iniciativa
casos	marcha
centros	método
colaborador	mística
concentración	motor
conciencia	número
consecuencias	órdenes (8)
crédito	órgano
curso	orígenes
época	ortodoxia
esencia	plano (145)
estructura	producto

arribado: arrived

producción
proletariado
reformador
salario
secreto

serie
simpatía
tesis
tipo
utopía

Adjetivos

agraria
apasionada (61)
asalariado (19)
biológicas
clásico
constante
decisiva
dominantes
efectiva
fundamentales
fraternales
implícito
indispensable
industrial
inherente
irreconciliable

manual
materiales
moderno
monásticas
notables
ortodoxo
pacíficas
particular
pesimista
privada (20)
profundos
real
revolucionario
secundario
utópicas
violenta

Adverbios

absolutamente
esencialmente
específicamente
exclusivamente

inevitablemente
principalmente
profundamente
teóricamente

Verbos

adoptar
combinar
concebir
considerar
desaparecer
derivar

designar
disciplinar
distribuir
ejercer (169)
elaborar
eliminar

formular
identificar
notar
organizar

participar
requerir (123)
reservar
transportar

Palabras derivadas

I

administrar *administración* administrado administrador (96)
aplicar aplicación aplicado aplicable (12, 105)
convertir conversión (163)
explotar *explotación* explotado explotador (107)
industrializar industrialización *industrializado* industrial (n. + adj.) (140, 140)
inspirar inspiración *inspirado* (61)
invertir inversión inversionista (91)
organizar *organización* organizado organizador (96)
perfeccionar perfección *perfecto* (196)
relacionar *relación* relacionado (98)

II

administrar administrador *administración* administrado (96)
dictar dictador *dictadura* (168)
explotar explotador *explotación* explotado (107)
organizar organizador *organización* organizado (96)
trabajar *trabajador* trabajo (110)

III

adoctrinar doctrina (160, 14)
aumentar *aumento* (n.) (125)
comunidad común comunal (8, 27, 5)
establecer establecimiento (165, 168)
idea ideología *ideológicas* (39)
tender (ie) tendencia (144)
triunfar *triunfo triunfante* (146, 171)
variar *variedad* variado (1)

EL COMUNISMO, SEGÚN EL MARXISMO CLÁSICO

Palabras en el contexto

Compruebe el significado de las siguientes palabras de acuerdo con el texto y escriba una oración con cada palabra.

asumir (38)	fundar (89)	opuestos (46)
burgués (149)	ganancia (104)	término (1)
competencia (20)	indígenas (3)	

EJERCICIOS DE COMPRENSIÓN

1. Comentario estructural

¿Cuál es el sujeto de estos verbos?

existe (2)	entienden (53)	tiene (127)
podrán (10)	aparecieron (59)	definen (129)
es (14)	decía (81)	nótese (138)
se enlazan (23)	traza (82)	consideran (153)
habla (36)	piensa (93)	tendrá (182)
incluye (37)	saca (95)	existirá (184)
interesaba (41)	obtiene (102)	habrá (185)
denomina (44)	asigna (111)	habrá (198)

2. Traducción

Líneas: 22–30, 44–47, 58–61, 105–107, 120–122, 143–145, 187–189.

3. Interpretación

De las tres posibilidades ofrecidas, termine la frase con la que refleje mejor las ideas del autor.

1. El término "comunismo" cubre...
    a. una variedad de casos   b. un caso particular   c. el sistema de Carl Marx
2. En el comunismo el Estado está representado por un gobierno...
    a. liberal   b. absoluto   c. paternal
3. "Idealismo histórico" es el sistema filosófico de...
    a. Cervantes   b. Pancho Villa   c. Hegel

4. Cuando aparecieron las grandes fábricas también aparecieron...
   a. los filósofos cristianos   b. las masas obreras   c. los gobiernos liberales
5. Según Marx la fuente que explica toda la vida del hombre es...
   a. la Biblia   b. el prejuicio religioso   c. la existencia material
6. Lo que da valor a un producto es...
   a. el trabajo de los obreros   b. la inversión capitalista   c. su forma estética
7. El resultado necesario de la industrialización es que las clases...
   a. desaparecen   b. chocan   c. promueven la unidad
8. El capitalismo inevitablemente significa...
   a. un aumento de prosperidad   b. la libertad social   c. la explotación
9. La antítesis del capitalismo es...
   a. la revolución del proletariado   b. la utopía cristiana   c. el sindicato
10. Para la revolución comunista, el patriotismo es...
    a. necesario   b. un prejuicio burgués   c. un ideal utópico

4. Preguntas

Conteste a las preguntas en términos del enunciado inicial y de su comprensión del texto.

1. El comunismo combina todas las funciones económicas bajo el control de un Estado absoluto.
   a. ¿Quién domina la economía comunista?
   b. ¿Qué funciones se comentan aquí?
   c. ¿Qué clase de estado es el comunista?
   d. ¿En qué sistema hay un gobierno absoluto?
2. Según Hegel la marcha de la historia es un juego de "tesis", "antítesis", y "síntesis".
   a. ¿Qué es lo contrario de "tesis"?
   b. ¿De quién es esta filosofía?
   c. ¿Qué disciplina comenta Hegel?
   d. ¿Cuál es el último paso en el proceso histórico?
3. "Materia", según Marx, son los recursos materiales necesarios para sostener la vida.
   a. ¿Qué clase de recursos le interesaron a Marx?

b. ¿Qué sostienen estos recursos?
   c. ¿Qué término aplica Marx a los recursos materiales?
   d. ¿Quién cree en la vida material?
4. Marx propuso su sistema materialista porque se opuso al socialismo utópico.
   a. ¿A qué clase de socialismo se opuso Marx?
   b. ¿Cómo describía Marx su socialismo?
   c. ¿Qué sistema propuso Marx?
   d. ¿Para Marx cuál era la fuente de los problemas sociales?
5. Engels creía que la historia debía explicarse en términos de las condiciones económicas de la sociedad.
   a. ¿De qué filósofo se habla aquí?
   b. ¿Qué disciplina estudió Engels?
   c. ¿Qué condiciones importan para la historia?
   d. ¿En esto Engels es materialista o idealista?
6. El trabajo del obrero manual es esencial. El trabajo de administración tiene poca importancia.
   a. ¿Qué clase de trabajo es importante?
   b. ¿Qué clase de trabajo importa poco?
   c. ¿Cuánto vale el trabajo del obrero?
   d. ¿Se admira aquí la labor del administrador?
7. La explotación está implícita en la naturaleza de la producción capitalista.
   a. ¿Qué está implícita?
   b. ¿De qué clase de producción se trata?
   c. ¿Ésta es una interpretación optimista o pesimista del capitalismo?
   d. ¿Qué hay de malo en la producción capitalista?
8. El marxismo se aplica a un país altamente industrializado; ignora a los campesinos.
   a. ¿Defiende el marxismo a los campesinos?
   b. ¿Qué clase de país es ideal para el marxismo?
   c. ¿Qué debe desarrollarse para el marxismo?
   d. Según esta interpretación, ¿los Estados Unidos tiene o no las condiciones necesarias para el marxismo?
9. La verdadera patria del obrero no es la nación sino la clase proletaria internacional
   a. ¿A qué clase pertenece el obrero?
   b. Según esta interpretación ¿es patriota el obrero?

c. ¿Por qué no es nacionalista el obrero?
   d. ¿Qué grupo choca con los patriotas?
10. El fin de la revolución comunista es una sociedad internacional sin clases.
   a. ¿De qué revolución se trata aquí?
   b. ¿Qué innovación social se propone aquí?
   c. ¿Qué situación internacional le conviene al comunismo?
   d. ¿Cuál es la tarea política del comunismo?

ANÁLISIS

Prepare Ud. una contestación a uno o más de los *Puntos de vista* incluidos en el texto de "El comunismo, según el marxismo clásico".

Fidel Castro

AUTOCRÍTICA DE LA REVOLUCIÓN CUBANA

Fidel Castro (1926–   ), primer ministro de Cuba. Como estudiante en la Universidad de la Habana, Castro ya se dedicaba a la política revolucionaria. Se graduó en esa universidad con el título de Doctor en Leyes en 1950. Comenzó su revolución en la Sierra Maestra en 1956 y por fin **derrotó** *al gobierno del dictador Fulgencio Batista en 1959. Su hermano Raúl y Ernesto (Ché) Guevara eran sus dos ayudantes principales. En 1961 terminaron las relaciones diplomáticas entre Cuba y los Estados Unidos y en el mismo año ocurrió la invasión de Bahía de Cochinos (Bay of Pigs) con la ayuda de los Estados Unidos.*

VOCABULARIO ACTIVO

adquirir   to acquire
alcanzar   to reach; attain
alimentar to feed
apoderarse de   to seize; take over
atrasado   backward
colocar   to place
derramar   to spill
dueño   master; owner
humilde   humble; poor
ingreso   income

lujo   luxury
maestro   teacher
manejar   to operate
mercancía   merchandise; goods
perseguir   to pursue
propiedad (f.)   property
sangre (f.)   blood
sueldo   salary
traidor   traitor
vencer   to conquer; defeat

derrotó: defeated

De *Tres años de revolución*, Ediciones Uruguay, Montevideo, 1962, págs. 79–93.
El texto corresponde a un discurso pronunciado por Castro.

La pérdida de la última colonia española en este continente[1] coincidió con la aparición en el mundo de un nuevo sistema de explotación y dominio de las naciones débiles y económicamente atrasadas por las clases dominantes de los países de industria desarrollada, que necesitaban desesperadamente donde colocar sus **excedentes** de capital acumulado en busca de nuevas y mayores ganancias.

PUNTOS DE VISTA: 1

Según Fidel Castro el capitalismo es necesariamente un sistema de "explotación y dominio de las naciones débiles". ¿Tiene razón, o es posible un sistema capitalista sin intenciones imperialistas?

No es que los capitalistas inventaran el nuevo sistema de dominio y explotación que se iniciaba, sino que surgía del desarrollo mismo de la sociedad capitalista. Una vez que ésta había elevado al máximo sus fuerzas productivas necesitaba **explotar** los recursos naturales de otros países y los recursos humanos: los nativos de Asia, África, América y Oceanía donde la mano de obra de multitudes hambrientas y pobres podía adquirirse a un precio incomparablemente más bajo. Para facilitar su penetración en Cuba, el imperialismo norteamericano interviene en nuestra guerra de Independencia cuando ya las fuerzas de España, extenuadas y exhaustas, no podían resistir durante mucho más tiempo la rebelión cubana.[2]

Declararon que actuaban movidos por el más puro y altruista "sentimiento de humanidad". A Cuba no sólo no le reconocieron la independencia, sino que el senado de los Estados Unidos proclamó traidoramente que Estados Unidos se reservaba el derecho de intervenir en nuestro país cuantas veces lo exigiese la seguridad de los bienes de los ciudadanos

excedentes: surplus **explotar:** exploit

[1] Cuba, 1898.
[2] Hubo (there was) una serie de revoluciones sangrientas en el siglo XIX. La última insurrección contra España comenzó en 1895 y seguía todavía cuando intervinieron los Estados Unidos en 1898.

norteamericanos en Cuba.[3] La independencia de un país que
había derramado **ríos** de sangre por su libertad quedaba
subordinada a las inversiones de los ciudadanos norteamericanos. Esas inversiones eran, por supuesto, las inversiones de la
minoría de banqueros y monopolistas que gobernaba en Estados
Unidos. El altruistísimo deseo de defender las propiedades de
ciudadanos norteamericanos se convirtió en ley,[4] en norma
internacional impuesta a los pueblos de América.

PUNTOS DE VISTA: 2

¿Cree Ud. que los Estados Unidos tienen el derecho de intervenir en la
política interna de otros países para defender la propiedad de los norteamericanos?

Por altruismo proclaman la llamada doctrina Monroe.
También por altruismo, mantienen una **flota** poderosa entre el
territorio continental de China y el territorio chino de la
Formosa; por altruismo promovieron la guerra sangrienta en
Corea del Norte; por altruismo intervienen en Vietnam del Sur
y en Laos; por altruismo ayudan al fascismo en España y
rearman al nazismo en Alemania.

El altruismo es idéntico al que movió sus pasos en 1898,
sólo que entonces fue por razones de "humanidad" y hoy
"por defender al mundo libre" y la sacrosanta "democracia
representativa".

Sesenta años **padecimos** de "espíritu de humanidad",
"mundo libre", "democracia representativa" y "altruismo
yanqui". Seiscientos mil cubanos sin trabajo, un millón de
adultos **analfabetos**, nuestra falta total de industrias básicas,
la falta casi completa de hospitales, escuelas técnicas, centros
de investigación, de vida higiénica, la discriminación y el

ríos: rivers **flota:** fleet **padecimos:** suffered **analfabetos:** illiterate

[3] Los Estados Unidos intervinieron en Cuba en muchas ocasiones. El ejército
norteamericano estuvo en Cuba de 1898 a 1902. También hubo intervenciones
entre 1906 y 1909, de 1917 a 1923, y en años posteriores.

[4] Platt Amendment—ley que los Estados Unidos impusieron en Cuba. Esta
ley daba a los Estados Unidos el derecho a intervenir en Cuba cuando quisieran.
En 1934 el presidente Roosevelt por fin eliminó esta ley tan odiada en Cuba.

privilegio, la explotación y el hambre padecidos por nuestro pueblo.

Para nosotros, tres años de Revolución significan los únicos años que los cubanos hemos sido verdaderamente dueños de nuestro destino. Hasta entonces, para los **demás** pueblos, éramos algo así como un **cayo** norteamericano adyacente a la Florida.

Como hoy vemos, por ejemplo, con toda claridad que los Estados centroamericanos: Nicaragua, Honduras, El Salvador, Guatemala, Costa Rica y Panamá no son más que ficción de estados **soberanos**, sin derecho a mantener relaciones con otros estados, y donde los **embajadores** yanquis dictan órdenes a los presidentes. Así nos veía a nosotros el resto del mundo.

PUNTOS DE VISTA: 3

¿Es verdad que los países de Centroamérica son colonias político-económicas de los Estados Unidos?

Puesto que nos hemos liberado de su dominio, el imperialismo yanqui y todos sus servidores no se cansan de repetir que nos hemos convertido en satélites e instrumentos de la Unión Soviética y de China. Los imperialistas no pueden concebir otro tipo de relaciones internacionales entre naciones y Estados que la relación de explotación que ellos han implantado a los pueblos pequeños y subdesarrollados que dominan.

PUNTOS DE VISTA: 4

¿Cree Ud. que la Cuba comunista de Fidel Castro es "satélite e instrumento de la Unión Soviética y de China" o que es un país socialista independiente?

Los imperialistas yanquis sólo pueden concebir el tipo de relación que emana de su propio sistema de producción, basado en la explotación del hombre por el hombre. El

demás: other   **cayo:** key, islet   **soberanos:** sovereign
embajadores: ambassadors   **puesto que:** since

dominio de la burguesía imperialista sobre las clases trabajadoras de sus propios países y sobre las masas hambrientas de los países económicamente atrasados tienen su origen en la explotación del hombre por el hombre.

El **cese** de la explotación del hombre por el hombre es lo que determina ya, para una parte de la humanidad, y lo único que puede determinar para toda ella en un futuro no lejano, la desaparición de toda relación social e internacional basada en el dominio económico y **por tanto** político.

Puesto que todo dominio político se ha basado en un fin económico: cese la explotación del hombre por el hombre y desaparecerá toda forma de dominio capitalista, colonialista e imperialista. Desaparecerán además las guerras de opresión y conquista que han **asolado** por milenios a la humanidad. Dado que [ni] la Unión Soviética, la República Popular China ni otro país alguno del campo socialista posee bancos, minas, compañías eléctricas, de transportes u otro servicio público ni forma alguna de propiedad en el territorio de Cuba ni en otro país del mundo, sus relaciones con las demás naciones y Estados no pueden ser nunca relaciones de dominio y sometimiento político, [y] no tendría que intervenir nunca para defender propiedades de sus ciudadanos en territorios de otros países.

De ahí que nuestras relaciones con todos los Estados y pueblos socialistas sean, y habrán de ser siempre, relaciones de verdadera amistad, autodeterminación y respeto absoluto a la soberanía de cada cual.

PUNTOS DE VISTA: 5

Para Castro una sociedad como la capitalista, que se basa sobre la dominación económica del hombre por el hombre, es inhumana. ¿Está Ud. de acuerdo? ¿Qué otras posibilidades hay?

Abolida la explotación del hombre por el hombre, el trabajo acumulado, es decir, el capital, deja de convertirse en un instrumento de explotación. Sólo entonces las máquinas, la asistencia técnica y recursos financieros que un país **facilita**

cese: cesation   **por tanto:** therefore   **asolado:** laid waste; devastated
abolida: abolished   **facilita:** provides

a otro, adquieren el carácter de ayuda fraternal y desinteresada, porque no persigue apoderarse de los recursos de otro país o explotar el trabajo de otros pueblos y sólo puede servir para que el país que recibe ayuda desarrolle su propia economía. Sólo la clase obrera al tomar el poder, abolir la explotación del hombre por el hombre y convertir los medios de producción en propiedad de todo el pueblo, es capaz de cambiar las relaciones internacionales burguesas e imperialistas por verdaderas relaciones de solidaridad y fraternidad entre los pueblos.

Los explotadores nunca dejaron de ser libres en nuestra patria. Fueron libres en todos los gobiernos coloniales. Siguieron libres bajo la intervención militar norteamericana y lo siguieron siendo siempre después que el imperialismo yanqui sustituyó el sistema colonial español. Fueron libres en todos los gobiernos.

Libremente pudieron vender y comprar esclavos durante siglos, y cuando cesó la práctica de comprar y vender la persona del trabajador, libremente siguieron comprando su trabajo y vendiendo el producto de su esfuerzo; el trabajador siguió siendo esclavo.

Nunca fue libre el trabajador asalariado de la miseria, de la inseguridad, de la **incultura**. ¡Nunca! Bajo ningún gobierno, en ninguna época. Nunca **veló** por él o por sus hijos la sociedad capitalista. Esto lo comprendía, sobre todo, cuando quedaba sin empleo o sin casa o tenía hambre o estaba enfermo. Sabía del estado sólo cuando lo **encarcelaba**; como trabajador **desposeído** de bienes materiales y sin poder político era un **ser** solo frente a todo el poder de la clase que el Estado representaba; dentro de la sociedad capitalista, egoísta e inhumana, él sólo importaba como poseedor de una mercancía que interesaba a los explotadores: su fuerza de trabajo.

Los explotadores poseían periódicos, revistas, **plantas** de radio y televisión, magistrados, clérigos, cuerpos represivos, ejércitos políticos. Jamás les estuvo prohibido escribir mil editoriales en favor de su libre empresa, su alianza con el imperialismo, sus instituciones reaccionarias, sus leyes antiobreras, sus privilegios y sus ideas antisociales.

incultura: lack of culture   **veló:** watched over   **encarcelaba:** imprisoned
desposeído: lacking   **ser:** being   **plantas:** stations

Los explotados no podían escribir una palabra contra la libre empresa, el imperialismo, las instituciones reaccionarias. No tenían, en fin, ninguna libertad para denunciar el orden social existente y demandar el cese de la explotación. Hoy los trabajadores tienen los periódicos, las plantas de radio y televisión. Ahora pueden denunciar al imperialismo, ahora pueden escribir mil editoriales contra la libre empresa, el privilegio, la injusticia y el viejo orden social, tienen, en fin, absoluta libertad para combatir la infame explotación del hombre por el hombre y luchar por una vida mejor.

PUNTOS DE VISTA: 6

Castro cree que el grupo que domina los medios de comunicación efectivamente puede ejercer una influencia decisiva en la sociedad. ¿Es verdad? ¿Qué límites deben imponerse sobre la libertad de comunicación pública?

Contra esas libertades del pueblo **claman** la CIA, el Pentágono, los contrarrevolucionarios,[5] los imperialismos y toda la **canalla** que les sirve. Lucha por eso el pueblo, por su derecho a construir el porvenir. Lucha por todo lo que no tenía y ya ha conquistado.

El pueblo de hoy es dueño de la mayor y más importante parte de las riquezas nacionales. No trabaja para enriquecer a una minoría explotadora. El excedente de su trabajo no va a los **bolsillos** de los millonarios o compañías extranjeras. Pertenece a la sociedad, se invierte en nuevos centros de producción o se revierte de nuevo al obrero en forma de **viviendas**, escuelas, hospitales, centros de recreación, caminos, acueductos, y mil modos más. Ni un solo centavo del fruto del esfuerzo del obrero que trabaja en una empresa nacional servirá nunca más para enriquecer a ningún explotador ni se disipará en lujos, ni alimentará parásitos.

claman: cry out   **canalla:** rabble   **bolsillos:** pockets   **viviendas:** dwellings

---

[5] Cubanos refugiados en los Estados Unidos que tramaban (plotted) la invasión de Cuba con la ayuda de los Estados Unidos.

PUNTOS DE VISTA: 7

Castro describe una sociedad en que el gobierno nacional administra los recursos económicos y los programas sociales en beneficio del público. ¿Cuáles son las diferencias entre este sistema y el de los Estados Unidos?

Por eso es tan ridícula la famosa "Alianza para el Progreso"[6] que propone el imperialismo a las naciones de América Latina, presentándola como una panacea a los males sociales de este continente, como si pudiera haber progreso posible bajo la explotación capitalista e imperialista causante de esos mismos males.

En los campos cubanos la revolución ha liberado de la explotación feudal a los campesinos. Los pequeños agricultores fueron exonerados de todo pago de rentas y librados de la explotación de los intermediarios, recibiendo amplia ayuda en créditos de inversión, en caminos, asistencia médica e instrucción.

Los grandes **latifundios** ganaderos y **cañeros** han sido convertidos en Cooperativas, donde hoy tienen el trabajo asegurado todo el año 250.000 obreros y cooperativistas.

Hoy todo niño tiene maestro, tanto en la ciudad como en los sitios más lejanos de nuestros campos, y es nuestro país el primero de América que logra esa aspiración de todo pueblo. Todo joven tiene asegurada la enseñanza secundaria y la posibilidad, de acuerdo con su vocación y capacidad, de **cursar** la enseñanza universitaria. Un gigantesco esfuerzo ha liquidado el analfabetismo en sólo un año, situándose en esto a la cabeza del continente.

Veinte mil muchachas del servicio doméstico están cursando estudios en las escuelas nocturnas creadas por la Revolución, y varios miles más reciben, **becadas** por el Estado, cursos

latifundios: large estates   **cañeros** (*adj.*): sugar cane growing   **cursar:** study
becadas: with scholarships

[6] Alliance for Progress—establecida por el presidente Kennedy en 1961 para ayudar al desarrollo económico y social de Latinoamérica. El programa ha perdido mucho del entusiasmo que tenía al principio, en parte por la insistencia de los Estados Unidos en que los fondos debieran gastarse sólo en los Estados Unidos y en parte porque éste sigue defendiendo a los gobiernos conservadores y dictatoriales en Latinoamérica.

especiales para trabajar en bancos, oficinas y servicios de transporte.

Con el próximo curso que se inicia, más de 50.000 jóvenes recibirán los beneficios del plan de becas para estudios en las universidades, institutos tecnológicos, escuelas agrícolas, academias de arte, centros preuniversitarios, escuelas de maestros primarios, de idiomas y secundarias básicas, que incluyen, además de la enseñanza, libros, alimentación, **alojamiento**, ropa y asistencia médica gratuitamente— único modo de hacer posible el estudio a los hijos de los obreros y campesinos.

Varios miles de jóvenes están cursando estudios técnicos en los países socialistas.

Antes sólo los hijos de los millonarios explotadores podían ir a estudiar a un instituto o universidad extranjera.

Tampoco se preocupó el régimen capitalista explotador de construir viviendas para la población humilde. La masa obrera y campesina productora de las riquezas, estaba condenada a vivir en miserables **bohíos**, mientras los opulentos explotadores construían para ellos palacios en medio de una miseria que obligaba a familias con diez hijos a vivir en una miserable **habitación**. Por eso la Revolución no vaciló en reducir drásticamente los **alquileres** y **decretar** después una Ley de Reforma Urbana que libera a la mayoría de las familias del pago de rentas en el término de 5 años y estipula el pago de sólo 10% del ingreso familiar por el uso de las viviendas suburbanas de nueva construcción, procedimiento que se está aplicando también a las casas que la burguesía proimperialista abandona al marcharse del país, las que pasan a ser **disfrutadas** por las familias más numerosas, de menos ingresos, mientras las mansiones más amplias de los aristócratas han sido convertidas en residencias de becados.

De igual modo la Revolución ha dedicado a la salud pública cuatro veces más recursos de los que se destinaban a atender las necesidades médicas de la población. Los servicios tanto terapéuticos como preventivos alcanzan hoy hasta a las familias que viven en los lugares más **apartados** del país.

alojamiento: lodging **bohíos:** huts **habitación:** room
alquileres: rents **decretar:** decreeing **disfrutadas:** enjoyed
apartados: remote

PUNTOS DE VISTA: 8

¿Ve Ud. algún paralelo entre la preocupación de Fidel Castro por la educación y las necesidades de los pobres y una situación más o menos similar en el gobierno federal de los Estados Unidos?

Mas, todo el esfuerzo de la Revolución **carecería** de base si no se hubiese prestado atención fundamental al desarrollo económico. No fue fácil **superar** los obstáculos que nos imponía la inexperiencia, la falta de estadísticas, los viejos hábitos capitalistas, la falta de organización, la **supervivencia** de poderosos intereses privados.

De tal manera se ha logrado, sin embargo, vencer estos obstáculos, que hoy la **planificación** es ya una realidad en nuestra Revolución. Pero tenemos todavía muchas deficiencias, cometemos muchos errores. Superviven muchas reminiscencias de los hábitos del pasado. Algunos compañeros se dejan arrastrar por la rutina, el conservadorismo, el estilo personalista y los métodos burocráticos de trabajo. Muchos errores se cometen por no contar para nada con la experiencia de las masas. Los compañeros responsables de cualquier función pueden lograr de los que trabajan con ellos el máximo esfuerzo, estimularlos en mil formas distintas, pero lo que no pueden es ignorar la experiencia ni dictar resoluciones y más resoluciones como dioses desde el Olimpo. Es buena costumbre que los compañeros más responsables de la administración no se **aíslen** en las oficinas y mantengan siempre el mayor contacto posible con el trabajo práctico.

Otro de los hábitos verdaderamente perniciosos observados en estos tres años, es la tendencia de algunos a olvidarse de las leyes de la economía, administrar con espíritu filantrópico o ser ajenos a los métodos de producción. **A partir de**l 1° de enero, será suspendido de empleo y sueldo todo funcionario, sin exclusión alguna, que sea responsable de que la empresa y organismo que dirige no haya hecho efectivo el pago inmediato de todo servicio o material que reciba de otra empresa u organismo.

carecería: lack   **superar:** overcome   **supervivencia:** survival
planificación: planning   **aíslen:** isolate   **a partir de:** beginning from

Hay compañeros administradores que, **por otra parte**, confunden el lujo, inadmisible en una revolución que debe invertir todos los recursos en beneficio de las grandes masas y no de minorías, con la calidad de los productos. La calidad no está **reñida** en ningún modo con el socialismo. El pueblo trabajador socialista está en el deber de luchar incesantemente por elevar la calidad de sus productos. Hay productos como la Coca Cola o los cigarrillos cuya calidad se ve afectada por la falta de **materia prima** que viene del **exterior** y no se obtiene fácilmente. En estos casos se explican las deficiencias de calidad, pero hay muchos otros artículos cuya calidad depende enteramente del cuidado y del interés que se ponga en su elaboración.

Grande también es el número de **equipos** deteriorados por el abandono o la irresponsabilidad de los que los utilizan o los controlan. Muchas veces se debe al hecho de que son usados por personas que no tienen práctica alguna en su manejo. De ahí la importancia de organizar cursos de conductores de vehículos, mecánicos, tractoristas, etc.

En el campo se observa muchas veces una total indiferencia por la aplicación de los métodos técnicos y científicos. Hay personas que miran la inseminación artificial con desconfianza verdaderamente supersticiosa. No experimentan. Se dejan arrastrar por el peor espíritu rutinario.

Los hay que por el contrario se **lanzan** a cambios drásticos, sin prudencia alguna. Es indispensable organizar en cada cooperativa una pequeña brigada de trabajadores de vanguardia que se interese por la investigación y la superación de los métodos de producción en la agricultura.

No pretendo hacer un recuento exhaustivo de los errores y malos hábitos. Pero los hay en todos los órdenes y en todos los campos. Es la **herencia** del pasado, de la vieja sociedad que toda revolución lleva consigo y que se manifiestan de manera más o menos inconsciente, obstaculizando la obra revolucionaria. Hay que luchar sin cesar contra ellos.

Nuestra Revolución ha hecho suya la **bandera** del marxismo-leninismo. No nos adoctrinó nadie, no nos la impusieron

por otra parte: on the other hand   **reñida:** at odds   **materia prima:** raw material
exterior: abroad   **equipos:** machinery   **lanzan:** throw into
herencia: heritage   **bandera:** flag

desde otro continente. Fue la propia vida la que nos enseñó 295
el camino y lo hemos seguido sin vacilación, ni miedo. Toda
verdadera revolución tiene que marchar inexorablemente hacia
el marxismo-leninismo como la única verdad revolucionaria,
frente a la esclavitud colonial imperialista y la explotación del
hombre por el hombre. Cuba es una **prueba** irrefutable. 300
Armados con esa verdad venceremos.

ESTUDIO DE PALABRAS

Nombres

adultos
banquero (30)
claridad
colonia
compañía
contacto
cooperativas
deficiencias
errores
ficción
industria
instrumentos
métodos
millonario
minoría
miseria

nativos
normas
obstáculos
oficinas (248)
opresión
origen
parásitos
privilegio
progreso
residencias
resto
rutina
satélites
senado (22)
tendencia

Adjetivos

agrícolas (196)
altruista
amplia
básicas
burocráticos
coloniales

doméstico
drásticos
efectivo
especiales
exhaustas
humanos

prueba: proof

inmediato
irrefutable
máximo
militar
miserables
numerosas
opulentos
privados

productivas
representativa
ridícula
suburbanas
supersticiosa
técnicas
tecnológicas
urbana

Adverbios

desesperadamente (6)
drásticamente
económicamente
enteramente

incesantemente
incomparablemente
inexorablemente
libremente

Verbos

abandonar
actuar
acumular
cesar
condenar
coincidir
construir
controlar
dedicar

dominar
elevar
facilitar
ignorar
incluir
poseer
prohibir
reservar
resistir

Palabras derivadas

I

acumular   acumulación   *acumulado* (7)
administrar   administración   *administrador* (252, 259)
alimentar   alimentación (166)
aspirar   *aspiración* (183)
declarar   declaración (20)
explotar   explotación   explotado (12, 3)
producir   producción   producto   *productora* (adj.) (208)

II

administrar *administrador* administración (252, 259)
explotar explotador *explotación* (12, 3)
gobernar gobernador gobierno (30)
producir *productora* producción producto (208)

III

alianza aliar aliados (167)
aparecer *aparición* (2)
capaz (adj.) *capacidad* (110, 185)
curso *cursar* (191, 186)
defender defensa defensor (31)
desaparecer *desaparición* (86, 81)
desarrollar *desarrollada* desarrollo (5)
poder *apoderarse* (105)
sangre sangrar sangriento (27)
sentir *sentimiento* (21)

Palabras en el contexto

Compruebe el significado de las siguientes palabras de acuerdo con el texto y escriba una oración con cada palabra.

beneficios (195)	pago (215)	soberanos (61)
destino (55)	respeto (98)	sustituir (117)
dominio (3)	seguridad (25)	vacilar (212)
empleo (128)		

EJERCICIOS DE COMPRENSIÓN

1. Comentario estructural

Examine y explique los siguientes usos del pretérito y el imperfecto:

coincidió (2)   inventaran (8)   necesitaba (11)
necesitaban (6)   iniciaba (9)   podían (19)

declararon (20)	movió (41)	siguió (122)
reconocieron (22)	padecimos (45)	veló (126)
reservaba (24)	éramos (56)	comprendía (127)
eran (29)	veía (63)	quedaba (127)
gobernaba (30)	dejaron (113)	poseían (135)
convirtió (32)	fueron (117)	fueron (175)

2. Traducción

Líneas: 21–26, 78–82, 83–86, 96–99, 102–108, 168–173, 230–232, 242–244, 248–251, 255–260, 290–291.

3. Interpretación

De las tres posibilidades ofrecidas, termine la frase con la que refleje mejor las ideas del autor.

1. Las naciones desarrolladas se apoderaron de...
   a. mucho lujo   b. las naciones débiles   c. las naciones cristianas
2. Los dueños del nuevo sistema de explotación eran...
   a. los capitalistas   b. los socialistas   c. los maestros
3. En los países atrasados los capitalistas perseguían la dominación de...
   a. la propiedad   b. el ingreso nacional   c. los recursos humanos
4. Los Estados Unidos intervinieron muchas veces en Cuba para proteger
   a. la propiedad norteamericana   b. a los dueños cubanos   c. los sindicatos
5. El sistema que se define como la explotación del hombre por el hombre es...
   a. cristiano   b. comunista   c. capitalista
6. La única clase capaz de cambiar el imperialismo internacional burgués es...
   a. la intelectual   b. la obrera   c. la minoría selecta
7. En un país capitalista el hombre humilde es...
   a. esclavo   b. traidor   c. amo

8. En la Cuba de Castro, los recursos se utilizan en beneficio de ...
   a. los dueños   b. los obreros   c. los traidores burgueses
9. En Cuba pueden adquirir una buena educación ...
   a. sólo los humildes   b. sólo los amigos del gobierno   c. todos los ciudadanos
10. Una dificultad que encuentra Castro en el campo es ...
    a. el lujo de los campesinos   b. el sueldo bajo   c. la superstición

4. Preguntas

Conteste a las preguntas en términos del enunciado inicial y de su comprensión del texto de Castro.
1. La explotación económica surgió del desarrollo de la sociedad capitalista.
   a. ¿Qué clase de explotación se describe aquí?
   b. ¿Bajo qué sistema social ocurrió esto?
   c. Según esta interpretación, ¿la explotación es necesaria o puede evitarse?
   d. ¿Quiénes son las víctimas de esta explotación?
2. Los Estados Unidos intervinieron en Cuba para defender la seguridad de los bienes de los ciudadanos norteamericanos.
   a. ¿Qué país intervino en Cuba?
   b. ¿De quiénes eran estos bienes?
   c. ¿Fue un acto altruista?
   d. ¿Quién declaró esta intervención?
3. En los países centroamericanos los yanquis dictan órdenes a los presidentes.
   a. ¿A qué región se refiere aquí?
   b. ¿Según esta explicación quiénes son los dueños?
   c. ¿Quiénes reciben las órdenes?
   d. ¿Qué hacen los yanquis?
4. El socialismo quiere alcanzar un mundo en el que no haya explotación del hombre por el hombre.
   a. ¿Qué ideología se describe aquí?
   b. ¿Qué se quiere eliminar?
   c. ¿Quiénes son las víctimas?
   d. ¿Qué pretende lograr esta ideología?
5. Los trabajadores cubanos obtuvieron su libertad cuando vencieron a los burgueses.

a. ¿Quiénes fueron vencidos?
b. ¿Quiénes alcanzaron la victoria?
c. ¿Qué obtuvieron los cubanos?
d. ¿Qué eran los cubanos antes?
6. El pueblo cubano derramó su sangre por el derecho a un futuro mejor.
   a. ¿De qué pueblo se trata?
   b. ¿Qué derramaron los cubanos?
   c. ¿Qué derecho persiguieron los cubanos?
   d. ¿Quién fue el enemigo de los cubanos?
7. En el campo, la revolución ha cambiado la existencia feudal de los campesinos.
   a. ¿Qué clase de existencia tenían los campesinos antes?
   b. ¿Quiénes vivían de manera tan primitiva?
   c. ¿Qué fue lo que cambió su existencia?
   d. ¿Cuándo ocurrió esto?
8. Para los humildes, el gobierno de Castro ha construido nuevas residencias.
   a. ¿Qué recibieron los humildes?
   b. ¿Quiénes son los dueños de las nuevas residencias?
   c. ¿Quién es el Primer Ministro de este gobierno?
   d. ¿Qué ha hecho el gobierno por los pobres?
9. Es necesario combatir la ignorancia y la indiferencia por los métodos técnicos y científicos.
   a. ¿Qué limita la tecnología?
   b. ¿Qué es necesario hacer?
   c. ¿Por qué hay resistencia contra los nuevos métodos?
   d. ¿Cuál es el remedio a esta situación?
10. La única verdad revolucionaria, frente a la esclavitud colonial, es el marxismo-leninismo.
    a. ¿De qué verdad se trata?
    b. ¿Qué condición se lamenta?
    c. ¿Con qué doctrina puede vencerse esta dificultad?
    d. ¿Quién es el enemigo que se apodera de estos esclavos?

ANÁLISIS

Prepare Ud. una contestación a uno o más de los *Puntos de vista* incluidos en el texto de "Autocrítica de la revolución cubana".

José Comblín

SOCIALIZACIÓN Y LIBERTAD EN AMÉRICA LATINA

*El **presbítero** José Comblín, profesor de Teología Dogmática en la Facultad de Teología de la Universidad Católica de Chile, publicó este artículo en la colección* Socialización y Libertad. *Esta colección que incluye escritos de varios autores, fue inspirada por la encíclica* Mater et Magistra *que **el Papa** Juan XXIII promulgó en julio de 1961. Esta encíclica trataba de la preocupación de la Iglesia Católica por la justicia social, y de la encesidad urgente de remediar la pobreza que existe en todo el mundo.*

VOCABULARIO ACTIVO

aislado isolated
a pesar de in spite of
complejo complex
desconfianza distrust
dotar to endow
escaso scarce
fecundo fertile
frenar to brake, hold back
fundar to found
iglesia church

meta goal
mito myth
nivel (*m.*) level
particular private
presión (*f*). pressure
ramo branch
red (*f*.) net
repartir to distribute
sobrevivir to survive
tender (*ie*) to tend

presbítero: priest **el Papa**: pope

De *Socialización y Libertad*, Ed. DILAPSA, Santiago de Chile, 1965. págs. 139–155.

Condiciones específicas de la socialización latinoamericana.

Trataremos de condensar en tres puntos las condiciones específicas de la socialización en la situación actual de Latinoamérica: esta socialización es parcial e incompleta; los factores clásicos de la socialización actúan en forma insuficiente o no están presentes; las legislaciones sociales definidas por los poderes públicos quedan en parte artificiales, formales e inoperantes.

1. La socialización tomada en el sentido clásico de la doctrina social cristiana, se refiere, como dice Juan XXIII, a la "rica serie de grupos, de movimientos, de asociaciones, de instituciones para fines económicos, culturales, sociales, recreativos, profesionales y políticos" cuyo modelo típico son, por ejemplo, los institutos de **seguros** sociales.

PUNTOS DE VISTA: 1

¿La socialización puede producirse por medio de la legislación social o sólo por medio de la educación y la evolución?

Estas instituciones hacen que puedan satisfacerse muchos derechos de la persona, particularmente los llamados económico sociales, como por ejemplo el derecho a los medios indispensables para el **sustento** humano, a la salud, a una instrucción básica más elevada, a una formación profesional más completa, a la habitación, al trabajo, a un descanso conveniente, a la recreación. Todos estos derechos no podrían satisfacerse sin socialización.

PUNTOS DE VISTA: 2

El autor comenta los "derechos de la persona" y explica que la función de la sociedad es permitir que se satisfagan. En su opinión, ¿cuáles son esos derechos?

Ahora bien, el examen de la situación social de América Latina revela que sólo un sector de la población está afectado

seguros: security   **sustento:** sustenance

por la socialización. Masas inmensas de latinoamericanos, los campesinos, los subproletarios, las masas rurales que emigran hacia las grandes metrópolis, y aun una gran parte de la clase obrera no están integrados en esta red de instituciones, y, desde luego, sus derechos de persona humana, los llamados derechos económico-sociales, no pueden satisfacerse.

Hasta ahora, al lado de un sector muchas veces minoritario, que está integrado en la sociedad industrial y recibe los beneficios de las instituciones que derivan del progreso técnico, las masas están pasando por una fase de desintegración social, de verdadera atomización, en que cada individuo, abandonado a sí mismo en medio de recursos **sumamente** precarios trata de sobrevivir en una lucha desesperada contra la ignorancia, la miseria, la enfermedad. La socialización es parcial e incompleta.

2. En segundo **lugar**: las fuerzas que deben intervenir para promover la socialización son extraordinariamente débiles y totalmente insuficientes.

La socialización, dice la **encíclica**, es fruto y expresión de una tendencia a asociarse para la **consecución** de los objetivos, que **superan** la capacidad y los medios de que pueden **disponer** los individuos aisladamente.

Pero, entre nosotros las masas están pasando en forma tan precipitada de un estado casi feudal a los suburbios de las grandes ciudades modernas, que la tendencia natural no se manifiesta.

Las iniciativas particulares o no existen, o son totalmente insuficientes en relación a la intensidad de los problemas. Las masas no tienen ninguna preparación mental para enfrentar los problemas en que se ven colocadas. Las masas esperan pasivamente o inventan soluciones incapaces de garantizarles sus derechos humanos.

PUNTOS DE VISTA: 3

Cuando un grupo de hombres no posee estos "derechos de la persona" ni tampoco la capacidad o el entendimiento necesarios para obtenerlos, ¿qué remedio existe?

---

sumamente: extremely **lugar:** place **encíclica:** encyclical
consecución: acquisition **superan:** exceed **disponer:** make use

3. *Mater et Magistra* **subrayó** también, la intervención creciente de los poderes públicos. Ahora bien, en Latinoamérica, el Estado, desde siempre y hasta ahora, ha sido muy débil, contando con escasos recursos económicos, inspirado en una ideología política liberal y dirigido por hombres dotados de poca voluntad y controlados por clases dirigentes interesadas en mantener un Estado débil.

Los poderes públicos han promulgado legislaciones sociales generalmente perfectas en su forma jurídica, las han aplicado a ciertos sectores de la población, sobre todo, los de la clase media y de ciertos ramos industriales, en forma limitada por la escasez de los recursos.

Las legislaciones sociales satisfacen más la generosidad sentimental y la buena conciencia de los legisladores que los derechos económico-sociales de las masas.

Tales son las condiciones en que se encuentra la socialización: existe, pero como fenómeno parcial.

Problemas específicos de la socialización en América Latina.

1. Primer problema: la conciliación entre la socialización y el desarrollo económico.

No pocas veces nos encontramos ante la afirmación de la prioridad absoluta del desarrollo económico: primero producir y después repartir.

Y es cierto que cualquier socialización **traducida** en lenguaje material contiene una cierta forma de repartición de bienes. **Por otra parte** hay que invertir. No se puede al mismo tiempo invertir y distribuir. ¿Será entonces necesario sacrificar una generación hasta que la producción nacional se haya desarrollado?

Por otra parte, ¿no habrá peligro en despertar necesidades y mover exigencias que la producción nacional no puede satisfacer?¿Las instituciones sociales así creadas no se transformarán en focos de desórdenes, de perturbación económica en el momento preciso en que la nación necesita de todas sus energías para trabajar más y superar su estado de subdesarrollo?

subrayó: underlined **traducida:** translated
por otra parte: on the other hand

Sin embargo, el argumento del desarrollo económico ha sido invocado tantas veces por las clases dirigentes con el fin de mantener la situación miserable de las clases populares, que éstas no lo pueden oír sin desconfianza.

Los pueblos se dan cuenta también de que, a pesar de los imperativos del desarrollo económico y de la necesidad de invertir, las clases privilegiadas exigen todos los beneficios del desarrollo técnico y no se sacrifican para invertir.

Contra la tendencia de los privilegiados a frenar el desarrollo social, es indispensable dar a las masas la posibilidad de crear una fuerza compensatoria.

PUNTOS DE VISTA: 4

El autor dice que contra la minoría privilegiada "es indispensable dar a las masas la posibilidad de crear una fuerza compensatoria". ¿Es posible esto? ¿Qué forma debiera tener tal fuerza?

---

2. El segundo problema específico resulta de la situación política. Ya se ha notado varias veces: América Latina es un continente **a la vez hiper** o **infrapolitizado**. Hiperpolitizado por la rivalidad en la conquista del poder, por la multiplicación de las facciones; infrapolitizado **por motivo** del carácter demogógico de muchas facciones.

Ahora bien, en las manos de los demagogos la socialización puede constituir un arma peligrosa. No pocas veces, los demagogos que llegaron al poder trataron de promover la socialización exclusiva de aquellas categorías sociales que son capaces de ejercer presiones fuertes en la vida política.

Los demagogos se han mostrado capaces, por medio de ciertas formas de socialización de crear nuevos grupos privilegiados. Y éstos se manifiestan rápidamente, como los adversarios de un desarrollo social generalizado.

3. En las naciones **en vía de** desarrollo, deben existir ciertas prioridades de socialización.

Hay que reconocer una prioridad absoluta a aquellas instituciones que promueven la adaptación y la educación del

a la vez: at the same time   **hiper:** over   **infrapolitizado:** underpoliticized
por motivo: because   **en vía de:** on the road to

hombre. Éste tiene que pasar en pocos años de una sociedad anticuada a una sociedad industrial. Le faltan las capacidades técnicas, y la mentalidad que corresponde a la situación de una sociedad industrial.

PUNTOS DE VISTA: 5

Según el autor, "Hay que reconocer una prioridad absoluta a aquellas instituciones que promueven la adaptación y la educación del hombre". ¿Cuáles son estas instituciones?— ¿Legales?, ¿políticas?, ¿religiosas?, ¿militares?, ¿particulares? ¿Qué clase de educación se necesita? ¿Con qué fines?

Los institutos fundados para promover la salud, la instrucción, la capacitación técnica, la cooperación social, la participación en la vida económica o política miran la transformación del hombre como su primera meta. Esta transformación es a la vez técnica y moral.

Sin duda, en una sociedad pluralista, el problema de la mística capaz de engendrar una moral nueva en las masas es uno de los más urgentes y de los más delicados problemas.

Aquí la filosofía política importada de Europa o de Norteamérica **falla**. Los temas del liberalismo, la tolerancia y el pluralismo son fecundos en una sociedad constituida y establecida. No son fecundos cuando el problema es el de crear la sociedad y de dar a sus instituciones la vida y el alma.

Los promotores de la socialización.

1. En América Latina, prácticamente, no se puede contar con la iniciativa privada. Los promotores posibles son el Estado, los partidos políticos y la Iglesia, la cual por razones históricas constituye la única institución no política capaz de organizar una cierta acción social sistemática.

2. El problema de la relación entre la Iglesia y el Estado en la promoción de las instituciones sociales está abierto.

falla: fails

PUNTOS DE VISTA: 6
En este proceso de educación y socialización, ¿cuál debe ser la contribución de la Iglesia?

No es la tarea de la Iglesia el organizar la socialización en instituciones inspiradas, mantenidas o controladas, de cerca o de lejos, por el **clero**.

Sin embargo, en América Latina la Iglesia, en la persona de sus autoridades responsables, de ciertos miembros del clero o de ciertos grupos de fieles, ha fundado y desarrollado varias instituciones de promoción social.

La Iglesia mantiene sus propias instituciones, no puede dejar que sus fieles sean integrados en instituciones en que no existe un verdadero pluralismo y una verdadera posibilidad de vivir según la fe y la moral cristiana. La Iglesia, en la situación actual, no puede tener la garantía de que el Estado mantendrá las instituciones que promueve, libres de la dominación de ideologías anticristianas.

El **aislamiento** institucionalizado de los católicos es a menudo un mal necesario resultante de la situación de una Iglesia minoritaria. Es una reacción de defensa y de protección contra las tendencias ideológicas dominantes, Y éstas, en América Latina, no son cristianas.

3. Sin embargo, aparte de los problemas de evangelización, el mantenimiento y la promoción **por parte de** la Iglesia de una socialización trae consigo problemas graves. En primer lugar: las instituciones de la Iglesia son parciales y no son capaces, sobre todo en América Latina, de solucionar la totalidad del problema del desarrollo social.

El Estado debe tener o preparar los **cuadros** técnicos necesarios a una socialización real y eficiente. Debe poder contar con una administración que no sea un obstáculo a cualquier acción dinámica, sino que sea un auxiliar dedicado.

Por otra parte, la conciencia cristiana pide también que el Estado esté capaz y dispuesto a impedir que las instituciones promovidas por él, sean dominadas o caigan un día en el

clero: clergy   **aislamiento:** isolation   **por parte de:** on the part of
cuadros: staffs

poder de las facciones demagógicas, de movimientos subversivos o de ideologías anticristianas.

Con todas estas condiciones, se puede desear que cada vez más los católicos se integren en la socialización promovida por tal Estado, en vez de desarrollar más sus propias instituciones, y pongan sus energías físicas y morales a la disposición de la totalidad de la nación y de la promoción del bien común. En América Latina, sólo el Estado será capaz de realizar la socialización que acompaña el progreso técnico. Pero será un Estado renovado según una filosofía política nueva, que seguramente tendrá que romper con las tradiciones del continente.

La libertad.

1. ¿Esta promoción de la socialización será o no compatible con el ideal tradicional de libertad de los latinoamericanos?

La socialización **restringe** la libertad de los seres humanos individuales. Sacrifica algunas formas inferiores de libertad para fomentar formas superiores, aquellas que se desarrollan sólo **mediante** el progreso técnico y el aumento de la productividad. Es justo que los hombres limiten su libertad para aumentar su capacidad de creación.

PUNTOS DE VISTA: 7

Necesariamente la socialización limita las libertades individuales. En la opinión de Comblín es necesario sacrificar "algunas formas inferiores de libertad para fomentar formas superiores". ¿Cuáles son las sacrificadas y cuáles las superiores?

Por otra parte, el hombre como decía Santo Tomás después de Aristóteles, es un animal jurídico, hecho para vivir bajo un orden jurídico. El hombre aislado no realiza su esencia. En sí la complejidad creciente del orden jurídico no **perjudica** al hombre, **siempre que** se realice dentro del bien común y

restringe: restricts   **mediante:** by means of   **perjudica:** damage
siempre que: provided that

dentro de una participación democrática en la definición del
mismo orden jurídico.

PUNTOS DE VISTA: 8

¿Está Ud. de acuerdo con Santo Tomás y Aristóteles en que el hombre es un animal jurídico? Si no, ¿qué adjetivo prefiere Ud.?

Aquí también, es justo sacrificar ciertas formas tradicionales de independencia individual a las organizaciones de una verdadera libertad política.

Para promover la socialización hay que renunciar a un cierto mito de la libertad, a un cierto sentimiento de libertad.

2. No es sin razón que las filosofías aristocráticas de las élites como la de Ortega y Gasset o los existencialismos, la exaltación del individuo bajo el nombre de persona, la persistencia de la filosofía política liberal, alimentan las clases dirigentes.

Hay que sacrificar algunos mitos y cultivar otros temas. Hay que cambiar también ciertas actitudes aristocráticas: la voluntad de independencia de los profesionales, la autonomía feudal de los propietarios, la mentalidad de conquistadores de las facciones políticas: Estas sí son formas de libertad incompatibles con la socialización.

3. Sin embargo, tanta es la distancia entre la condición de las masas actuales y el nivel que requiere la sociedad industrial contemporánea, que muchos resisten las transformaciones, la disciplina que el Estado o las instituciones pretenden imponerles. Resisten por la inercia, la incomprensión. No se interesan por los valores superiores y la libertad superior cuya condición es la disciplina del trabajo, de la familia, del estudio, de la colaboración social.

PUNTOS DE VISTA: 9

Si las masas de veras resisten la socialización, por las razones explicadas aquí, ¿qué remedio hay? ¿Es justo imponer la socialización por la fuerza legal o militar en beneficio de estas mismas masas?

Ciertos regímenes socialistas imponen las nuevas instituciones por la fuerza, incluso por la fuerza violenta y la eliminación violenta de las contradicciones.

Debemos proclamar en forma clara que creemos en la fuerza de la educación y de la persuasión. La socialización encierra, necesariamente, una obra de educación social y moral. Los hombres no se hacen libres por la violencia. Las preocupaciones de eficacia no crean ningún derecho absoluto del Estado para dar a los pueblos la felicidad que no entienden o no quieren.

4. En cuanto a la verdadera libertad democrática la socialización no constituye un obstáculo sino más bien un instrumento. Para las grandes masas la democracia es una forma en que no se integran realmente. La participación real y eficaz en los negocios públicos ha sido el hecho de la clase media y de las clases dirigentes. La libertad política sería más bien una **novedad** para el pueblo.

El Estado tratará de conferir a los elementos populares una zona de responsabilidad y de iniciativa cada vez más importante. El aprendizaje de la autonomía en los organismos sociales es el camino de la libertad política.

Las masas tienden a esperarlo todo del Estado o de iniciativas providenciales. Esperan que las instituciones les repartan los beneficios. Conciben la socialización en un sentido de pasividad. Para ellos la sociedad es una entidad creadora de bienes. La mentalidad primitiva con que entran en la sociedad industrial, los lleva a transformar en mitos las instituciones de la vida moderna. Tal es el obstáculo más radical que enfrenta la formación de una verdadera sociedad de hombres libres.

ESTUDIO DE PALABRAS

Nombres

arma
autonomía
autoridades

categorías
demagogos
desórdenes (88)

novedad: novelty

disciplina
élites
energías
facciones
factores
fenómeno
garantía
generosidad
grupos
ignorancia
inercia
iniciativas

instrumento
legisladores
modelo
persuasión
prioridad
productividad
rivalidad
suburbios
tendencia
tolerancia
zona

Adjetivos

clásicos
compatible
completa
contemporáneo
delicados
dinámica
específicas
exclusiva
feudal
físicas
indispensables
industriales
inferiores
inmensas

insuficiente
justo
minoritaria (162)
moral
parcial
preciso
privilegiadas
responsables
sistemática
subversivos
técnico
típico
urgentes
violenta

Adverbios

extraordinariamente
particularmente
pasivamente

prácticamente
rápidamente

Verbos

afectar
asociar
cultivar
emigrar
impedir

limitar
organizar
renunciar
transformar

Palabras derivadas

I

inspirar   inspiración   *inspirado* (59)
integrar   integración   *integrados* (28)
repartir   *repartición* (78, 80)
revelar   revelación (24)
satisfacer   satisfacción (15)

II

aislar   *aislamiento*   aislado (160)
establecer   establecimiento   *establecida* (135)
mover   *movimiento* (11)

III

examen   examinar (23)
general   generalizar   *generalizado* (116)
relación   relacionar   relacionado (144)
solución   *solucionar* (169)
persistencia   persistir   persistente (213)
capaz   *capacidad* (122)
partido   partidario (141)

Palabras en el contexto

Compruebe el significado de las siguientes palabras en el contexto y luego escriba una oración con cada una de ellas.

actitudes (217)   graves (167)   recreativos (12)
desesperada (37)   importar (133)   resultante (161)
garantizar (54)

EJERCICIOS DE COMPRENSIÓN

1. Comentario estructural

a. Explique los siguientes usos de *ser* y *estar*:

es (4)	están (34)	está (145)
están (6)	son (40)	sean (154)
son (13)	ha sido (58)	esté (176)
está (24)	es (79)	sean (177)
están (28)	son (136)	será (185)

b. Explique los siguientes usos del subjuntivo:

puedan (15)	sea (174)	pongan (183)
se haya desarrollado (83)	esté (176)	limiten (197)
sean (154)	sean (177)	realice (203)
sea (173)	integren (181)	repartan (252)

2. Traducción

Líneas: 15–17, 29–30, 42–45, 58–59, 85–87, 116–117, 181–185, 241–243.

3. Interpretación

De las tres posibilidades ofrecidas, termine la frase con la que refleje mejor las ideas del autor.

1. La socialización se refiere a las instituciones que satisfacen...
   a. a la Iglesia   b. los derechos del hombre   c. al gobierno
2. En Latinoamérica esta red de instituciones sirve...
   a. solo a una clase   b. a todos los niveles sociales   c. a la Iglesia
3. La socialización es incompleta porque los pobres sobreviven...
   a. en el lujo   b. en la miseria   c. a las presiones militares
4. Las masas no tienen ninguna preparación para...
   a. inventar mitos   b. ganar un sueldo   c. enfrentarse a sus problemas
5. Las legislaciones sociales satisfacen...
   a. los derechos de las masas   b. los sentimientos de los legisladores   c. las presiones políticas

6. Los demagogos tienden a limitar la socialización porque crean...
   a. grupos privilegiados   b. nuevas iglesias   c. prejuicios
7. La meta de la sociedad es...
   a. transformar al hombre   b. repartir la riqueza   c. sobrevivir
8. Lo que necesita la masa es...
   a. tierra fecunda   b. mitos hermosos   c. una moral nueva
9. La Iglesia no puede tener confianza en la ideología...
   a. de los cristianos   b. de los campesinos   c. del gobierno
10. El progreso técnico solo puede ser realizado por...
    a. el estado   b. la Iglesia   c. los ciudadanos

4. Preguntas

Conteste a las preguntas en términos del enunciado inicial y de su comprensión del texto.

1. La socialización hace posible la satisfacción de los derechos de la persona.
   a. ¿De quién son estos derechos?
   b. ¿Cómo se satisfacen estos derechos?
   c. ¿Puede obtener estos derechos el hombre aislado?
   d. ¿Están dotados de esos derechos todos los hombres?
2. En Latinoamérica los derechos económico-sociales de las masas rurales no están satisfechos.
   a. ¿De qué derechos se trata?
   b. ¿Qué grupo no ha recibido aún estos beneficios?
   c. ¿Estas masas viven en la ciudad o en el campo?
   d. ¿A qué continente se refiere el autor aquí?
3. Las iniciativas particulares son insuficientes para realizar la socialización.
   a. ¿Qué clase de esfuerzo no basta?
   b. ¿Qué se quiere realizar?
   c. ¿Puede lograr la socialización el ciudadano aislado?
   d. ¿Quiénes necesitan esta socialización?
4. En Latinoamérica hombres dotados de poca voluntad han dirigido el Estado débil.
   a. ¿Cómo se describe el Estado aquí?
   b. ¿Dónde viven estos hombres?
   c. ¿Cuál es la debilidad de estos políticos?
   d. ¿Qué hacen estos políticos en el Estado?

5. Es peligroso mover exigencias populares que no pueden satisfacerse.
   a. ¿De quién son las exigencias?
   b. ¿Cuál es el problema que surge si se mueven estas exigencias?
   c. ¿Qué es lo que no puede satisfacerse?
   d. ¿Qué exige el pueblo?
6. El pueblo oye con desconfianza las promesas de las clases dirigentes.
   a. ¿Qué clases causan esta situación?
   b. ¿Tiene fe el pueblo en esas promesas?
   c. ¿Qué hacen las clases privilegiadas?
   d. ¿Quién ha perdido la confianza?
7. Los demagogos reparten las riquezas entre los grupos privilegiados.
   a. ¿Quiénes reciben las riquezas?
   b. ¿Qué hace el gobierno con estas riquezas?
   c. ¿Qué clase de gobierno es éste?
   d. ¿Por qué es malo el demagogo para el pueblo?
8. Las masas necesitan una nueva mística capaz de producir una transformación social.
   a. ¿Quiénes necesitan cambios?
   b. ¿Qué necesita la masa?
   c. ¿Qué es lo que debe transformarse?
   d. ¿Qué debe producir esta mística?
9. La Iglesia debe fundar instituciones que hagan posible una vida cristiana.
   a. ¿Qué organización debe fundar estas instituciones?
   b. ¿Qué clase de vida es necesario promover?
   c. ¿Tiene la Iglesia una función socioeconómica o no?
   d. ¿Para quiénes debe hacer esto la Iglesia?
10. Para lograr la socialización es necesario sacrificar algunas formas inferiores de libertad.
    a. ¿Qué es lo que se necesita sacrificar?
    b. ¿Qué se propone lograr?
    c. ¿Qué libertades deben sacrificarse?
    d. ¿Cuál es el precio de los derechos de la persona?

ANÁLISIS

Prepare Ud. una contestación a uno o más de los *Puntos de vista* incluidos en el texto de "Socialización y libertad en América Latina".

Alfonso Caso y Andrade

¿EL INDIO MEXICANO ES MEXICANO?

*Alfonso Caso y Andrade (1896–), arqueólogo, historiador y jurista mexicano, **director** del Instituto Nacional Indigenista. Es catedrático de arqueología de la Universidad Nacional Autónoma de México y fue rector de la misma. Es autor de diversos libros. Este ensayo se publicó en el libro de José Luis Martínez titulado* El ensayo mexicano moderno.

VOCABULARIO ACTIVO

amargo bitter
arrojar to throw
asunto affair
atrasado backwards
a través de through
cárcel (*f.*) jail
cómodo comfortable
escuela school
extraño strange
finca farm

habitar to inhabit
mezclar to mix
patrono employer
quizá perhaps
rechazar to reject
sensible sensitive
someter to submit
útil useful
ventaja advantage

director: head

De *El ensayo mexicano moderno* 2 vols., Fondo de Cultura Económica, México, 1958, vol. I. págs. 388–398.

Cuando nos enfrentamos con un problema, podemos siempre tener dos actitudes: la primera—la más cómoda—es ignorar que existe y **arrullar**nos con un suave optimismo.

La segunda—la más viril y enérgica—consiste en enfrentarnos con la realidad, por más amarga que parezca, para conocer los elementos del problema y tratar de resolverlos.

Ambas actitudes han sido y son actualmente las que se manifiestan cuando se trata de los indígenas de México.

¿ En qué consiste el problema indígena?

En primer lugar, ¿hay indígenas en México?

Si de acuerdo con los censos y con los estudios que se han hecho, sabemos que existen tres millones de personas que sólo hablan lenguas indígenas, o hablan además algunas palabras castellanas, pero de un modo tan deficiente como si fueran de una lengua extranjera, tendremos ya una primera razón para contestar que, por lo menos en un aspecto fundamental—la expresión del pensamiento—hay tres millones de mexicanos que se expresan en lenguas que no son la lengua nacional.

¿Qué consecuencia tiene esto? Imagínese por un momento, cualquiera de nosotros, viviendo en un país cuya lengua no habla, encerrado **forzosamente** dentro de una comunidad pequeña, de la que no sólo no podrá salir sino que no querrá salir, ante el **temor** de un mundo extraño y hostil, que ni lo comprende ni se siente capaz de entender.

PUNTOS DE VISTA: 1

El autor explica que los indígenas de México tienen miedo de entrar en la vida nacional porque les parece hostil e incomprensible. ¿Encuentra Ud. algún caso paralelo en los Estados Unidos?

Pero el idioma es sólo una de las manifestaciones espirituales de todo hombre que vive en sociedad. La lengua, las

arrullar: lull   **forzosamente:** necessarily   **temor:** fear creencias, las costumbres, los hábitos, el **vestido**, la técnica, etc., forman en su **conjunto** lo que los antropólogos designamos con el nombre de "cultura".

La diferencia de la lengua entre los indígenas y el resto de la población del país es un **índice** de un hecho mucho más importante: la diferencia de cultura entre los grupos indígenas y el resto de la población mexicana.

El problema indígena no es racial.

No se trata de un problema racial, sino de un problema social o cultural. A nadie se le ocurriría en México, donde no existe discriminación, preocuparse por saber si la raza indígena es apta o no apta para la civilización. Raza es un concepto puramente biológico y nada **tiene que ver** con las capacidades intelectuales o culturales de un individuo; la diferencia que hay entre las comunidades del país no es una diferencia racial. Desde el punto de vista de la raza, puede ser que esas comunidades no difieran de las otras, o difieran muy **ligeramente**.

¿Y qué consecuencia ha tenido esto para la vida de los indios? El indígena vive en las regiones más remotas y aisladas del país. Durante cinco siglos, aquellos que estaban mejor armados que él, desde el punto de vista de la cultura, han logrado **despojar**lo de sus tierras, de sus aguas, y arrojarlo a los límites del territorio. **Suelos** pobres para la agricultura, situados en las **laderas** de las montañas, donde la población no puede concentrarse, pues no hay suficiente tierra que les permita vivir, sino parcelas aisladas que sólo permiten el **sostenimiento** de unas cuantas familias; tierras que no son capaces de mantener a un **poblado**, en el sentido en que nosotros entendemos esta palabra, lo que origina la enorme dispersión de la población indígena en las zonas en que habita; y esta dispersión **dificulta** llegar a esas poblaciones por medio de caminos, y hace difícil construir escuelas y clínicas, y explotar otros recursos naturales y establecer industrias. La pobreza de las tierras no permite sino el sostenimiento estricto de la

---

vestido: dress   **conjunto:** entirety   **índice:** indication   **tiene que ver:** has to do
ligeramente: slightly   **despojar:** take away from   **suelos:** soils   **laderas:** slopes
sostenimiento: support   **poblado:** settlement   **dificulta:** makes difficult

familia; la producción es tan pequeña que casi no hay **excedentes** que cambiar por otros productos, y entonces la familia indígena vive exclusivamente, o casi exclusivamente, de lo que produce. Ni produce para el país, ni consume lo que México produce.

Pero hay más. El indígena que vive en su comunidad aislada no puede sentirse mexicano; sabe sí que hay una especie de fuerza natural llamada "Gobierno", cuyas disposiciones hay que **acatar** porque utiliza la fuerza para hacerse obedecer. Sabe que "Gobierno" se presenta a veces en forma de inspectores de alcoholes, para buscar **alambiques** clandestinos, y sabe también que a veces "Gobierno" exige que se cumplan una serie de requisitos que producen como resultado **multas**; y allí termina su concepto de la patria; no se siente mexicano, no tiene el sentimiento de que forma parte de una entidad más vasta que su pequeña comunidad. Fuera de ella, todo le es hostil. Sólo dentro de ella encuentra simpatía, calor y comprensión.

PUNTOS DE VISTA: 2

Según Caso el indígena se siente parte de su pequeña comunidad, no del país. ¿Qué se puede hacer para que el indígena tenga conciencia de una nacionalidad?

En esto consiste el problema indígena: hay tres millones de mexicanos por lo menos, que no reciben los beneficios del progreso del país; que forman verdaderos **islotes**, incapaces de seguir el ritmo del desarrollo de México; que no se sienten mexicanos. ¿Podremos preguntar ahora, si hay en México problema indígena?

Pero en esta materia, como en todas aquellas que se refieren a asuntos sociales, hay una gran cantidad de conceptos equivocados y de procedimientos equivocados, que es **menester** discutir y rechazar.

Concepciones equivocadas del problema indígena:

La primera, que ya hemos analizado **someramente**, consiste en declarar que el problema indígena es un problema racial,

excedentes: surplus **acatar:** respect **alambiques:** stills **multas:** fines
islotes: small islands **menester:** necessary **someramente:** superficially

es decir, que existe la raza indígena, distinta del mexicano. Esto es claramente una actitud colonial. Los pueblos que han conquistado a otros pueden tener la idea de distinguir fundamentalmente dos razas: la de los conquistadores y la de los conquistados, la de los señores y la de los esclavos; pero en México, desde la Conquista se **efectúa** la mezcla de razas. Pronto surge el mestizo,[1] y al través de los siglos la mezcla racial se ha operado en tal forma, que es muy difícil que existan mexicanos que no tengan en sus venas sangre indígena, y también es posible que, en muchos indígenas, haya **antepasados** mestizos y blancos.

Pero ¿qué nos importa y qué objeto tiene preocuparnos por la cantidad de sangre indígena o blanca que tenga un individuo? Lo que nos interesa no es la raza, sino la situación cultural y social de los hombres. Por tal motivo son ridículas las teorías que creen que se puede resolver el problema indígena importando población europea.

La segunda actitud equivocada considera, en un falso indigenismo romántico, que hay que dejar a los indígenas solos, aislados, en vez de llevarles los beneficios de una cultura superior, de una medicina científica, de una lengua que pueda servir de vehículo universal, de una técnica más moderna, debemos dejarlos como están en sus comunidades; aislarlos, encerrándolos en unas especies de reservaciones y conservarlos para **delicia** de los futuros etnólogos y de los presentes y futuros turistas.

PUNTOS DE VISTA: 3

Caso condena la idea de dejar que los indígenas se queden aislados en sus comunidades con su propia cultura. ¿Está Ud. de acuerdo?

La tercera actitud equivocada es la que llamaríamos formalista. Consiste en declarar que de acuerdo con nuestra Constitución, no hay indígenas; todos somos mexicanos y todos tenemos los mismos derechos y las mismas obligaciones.

efectúa: takes place   **antepasados:** ancestors   **delicia:** delight

[1] Mestizo es el que tiene sangre indígena y europea.

Teoría muy generosa por cierto, si se la considera como un ideal al que hay que llegar; pero muy peligrosa en sus consecuencias, si se considera que no sólo es la expresión del ideal marcado en nuestras leyes, sino de la realidad social en que vivimos. Se preguntan los **propugnadores** de esta tesis: ¿Que el indígena no es mexicano? ¿Por qué llamarlo entonces indígena? ¿Por qué hacer una "discriminación" que nuestras leyes no hacen? ¿Por qué considerarlo aparte de la población mexicana? El indígena es mexicano, pero es indígena, es decir, teóricamente está protegido por la ley; en la realidad vive en sus comunidades, en las montañas y en los desiertos aislado de la influencia cultural, social, económica y política de México.

El indígena es mexicano, **puesto que** paga las **alcabalas** cuando va a vender sus productos a las ciudades o a comprar los elementos que no produce; es mexicano cuando trabaja en las fincas de **piña** o de café y recibe, como **anticipo** de su salario, una buena dosis de alcohol que lo **embrutece**; es mexicano cuando cae en manos de los **agentes** municipales que lo llevan a la cárcel para **cobrar**le multas y obligarlo, a la mañana siguiente, a **barrer** el pueblo; y también es mexicano cuando compra los productos que le venden, a precios exagerados, los comerciantes de los pueblos.

Pero si una epidemia de **tifo** o de **viruela azota** a su comunidad entonces no hay médico y medicinas mexicanas; si se trata de explotar sus tierras no hay técnicos mexicanos, ni créditos de los bancos mexicanos que lo ayuden; si se trata de educar a sus hijos, no hay escuelas mexicanas que lo enseñen, y si se trata de salir de su comunidad para comunicarse con el resto del país, no hay caminos mexicanos que pasen por su pueblo.

Sí, el indígena es mexicano **conforme a** nuestras leyes. No tiene ninguna de las ventajas que hemos dicho, pero en cambio puede consolarse sabiendo que la Constitución y las leyes del país, escritas en un idioma que no entiende, lo declaran ciudadano mexicano, "en **pleno** uso de sus facultades y derechos".

---

propugnadores: partisans, followers **puesto que**: since **alcabalas**: taxes
piña: pineapple **anticipo**: advance payment **embrutece**: brutalize
agentes: police **cobrar**: collect **barrer**: sweep **tifo**: typhus
viruela: smallpox **azota**: scourges **conforme a**: according to **pleno**: full

¿Será posible que no se entienda que las leyes que hablan de igualdad sólo son justas cuando se aplican a iguales? ¿Qué la máxima injusticia es declarar iguales ante la ley a quienes no lo son?

PUNTOS DE VISTA: 4

Caso cree que la máxima injusticia es declarar iguales ante la ley a quienes no lo son. ¿Está Ud. de acuerdo? ¿Cree Ud. que la ley debe proteger a los grupos más débiles o limitar la libertad de los más fuertes?

Nuestra legislación lo ha entendido así, y así lo entienden las legislaciones de los países civilizados de la tierra. El **menor** no es, ante la ley, igual al **mayor de edad**; la mujer no es jurídicamente igual al hombre, necesita la protección de la ley. El obrero ante la ley no puede ser considerado igual al patrono, necesita protección, y las leyes agrarias son leyes protectoras y no simplemente limitativas.

La igualdad sólo es justa entre iguales. No bastan nuestras leyes igualitarias para resolver el problema de la desigualdad social, que es el resultado de una explotación que ya tiene cinco siglos.

Todavía hay otra actitud equivocada, quizá la peor de todas, pero tan estúpida e injusta, que sólo la mencionamos para dejar completo nuestro inventario de errores. Es la actitud que frente al problema indígena sostiene que a los indígenas hay que obligarlos; obligarlos a la fuerza.

Si los otomíes no quieren salir del Valle del Mezquital hay que hacer que por la fuerza abandonen la tierra en la que han vivido ellos y sus antepasados durante siglos; es decir, se propone que se les trate como a delincuentes, obligándoles a hacer lo que no quieren, como si fuera un crimen ser indígenas, y se olvida, ahora sí, que vivimos en un régimen de derecho y que la Constitución **otorga** a todo mexicano la facultad de vivir donde mejor le **plazca**.

Por fortuna esta teoría es rechazada por la opinión pública de México, y sólo es admitida por unos **retrasados**.

menor: minor   **mayor de edad:** adult   **otorga:** grants   **plazca:** pleases
retrasados: backwards people

El verdadero camino.

No hay en consecuencia para resolver el problema indígena sino un camino; el único científicamente correcto y también el único justo y generoso. Para resolver el problema indígena, México no puede optar por otra **vía**: hay que incorporar las comunidades indígenas llevándoles lo que ya existe en otros **poblados** del país: caminos, hospitales y escuelas; dotarlos de tierras, aguas y montes; mejorar sus ganados, enseñarles nuevas técnicas de cultivo, llevarles **semillas** mejoradas, darles protección a sus industrias y establecer otras nuevas, enseñarles la lengua nacional y otorgarles los beneficios de la educación fundamental a que tiene derecho todo hombre y toda mujer en el mundo.

Puesto que no se trata de un problema racial sino de un problema de atraso cultural, lo que se necesita es transformar los aspectos negativos de la cultura indígena, en aspectos positivos, y conservar lo que las comunidades indígenas tienen de positivo y útil; su sentido de comunidad y de ayuda mutua, sus artes populares, su folklore. No tenemos derecho a destruir estas formas de su cultura, si somos hombres con sensibilidad, si creemos que el mundo no debe estar **poblado** por individuos sometidos a un régimen **estándar**, sino que dentro de la cultura mundial, como dentro de la cultura nacional, la variedad es necesaria para enriquecer las formas más altas de la cultura.

PUNTOS DE VISTA: 5

¿Está Ud. de acuerdo con Caso en que lo que se necesita es eliminar los aspectos negativos de la cultura indígena? ¿Cómo se puede hacer? ¿Cómo puede distinguirse entre los aspectos negativos y los positivos?

Debemos transformar la comunidad indígena por el único método posible para que las transformaciones sociales sean duraderas y se realicen sin las tensiones y los conflictos que origina la fuerza; es decir, por medio de la educación y el ejemplo. No obligar, invitar; no ordenar, demostrar; no destruir,

vía: way   **poblados:** towns   **semillas:** seeds   **poblado:** populated
estándar: standard

transformar. **He ahí** el camino. Camino lento, como es toda educación; camino que requiere no sólo la conformidad, sino la cooperación entusiasta de la comunidad indígena.

México tiene frente a sí un problema grave, uno de los más graves problemas del momento actual para nuestro país: el problema indígena. Contamos con la confianza y el apoyo de la población indígena. No necesitamos discursos ni actitudes sentimentales, lo que necesitamos es que el país se dé cuenta de la magnitud del problema, y que se pongan los recursos necesarios en dinero, en equipo y en hombres, para poder resolverlo; y así quizás con lentitud, pero de un modo científico, justo y generoso, México podrá hacer que esos millones de mexicanos se incorporen a la vida económica, social, política y cultural de la nación.

PUNTOS DE VISTA: 6

¿En los Estados Unidos el problema de las minorías es racial? ¿socio-económico? ¿cultural? ¿filosófico?

ESTUDIO DE PALABRAS

Nombres

actitudes (2)
aspecto
beneficios
clínicas
conformidad
consecuencia
créditos
delincuentes
desiertos
discriminación
discursos
elementos
epidemia
entidad
hábitos

hospitales
industrias
inspector
límites
magnitud
optimismo
régimen
regiones
requisitos
salario
sentimiento
simpatía
técnicos
técnica
tensiones

He ahí: that is

teorías
turistas

variedad
vehículo

Adjetivos

apta
armados
biológico
correcto
estúpida
enérgica
entusiasta
estricto
falso
fundamental
generosa
hostil

indígenas
justos
máxima
mutua
negativos
racial
remotas
ridículas
suficiente
técnica
viril

Adverbios

científicamente
claramente
exclusivamente
fundamentalmente

puramente
simplemente
teóricamente

Verbos

concentrar
consolar
consumir
discutir
distinguir
exagerar

expresar
mencionar
ocurrir
originar
permitir

Palabras derivadas

I

aplicar aplicación (158)
civilizar civilización *civilizado* (162)

declarar declaración (91)
durar duración (213)
educar educación (148)
habitar habitación habitado habitante (58)
obligar *obligaciones* obligado (141, 121)
operar operación (99)
poblar *población poblado* despoblado pueblo (33, 56)
situar situación *situados* (52)

II

análisis analizar *analizado* (90)
cárcel encarcelar carcelero (141)
diferencia diferenciar *diferir* (ie) diferente (32, 45)
igual igualar *igualdad* (158, 158)
interés *interesar* interesante (105)
útil utilizar utilidad (204)

III

comercio *comerciante* (144)
influencia influir (133)
medicina médico (112, 146)
vender vendedor venta (136)

Palabras en el contexto

Compruebe el significado de las siguientes palabras de acuerdo con el texto y escriba una oración con cada palabra.

comprensión (78)   especie (68)   materia (85)
cultivo (195)   establecer (61) obedecer (70)
distinta (92)   estándar (208) raza (39)

EJERCICIOS DE COMPRENSIÓN

1. Comentario estructural

Examine y explique los siguientes usos subjuntivos:

parezca (6)   fueran (16)   difieran (45)

cumplan (73)   ayuden (148)   fuera (181)
tengan (100)   pasen (151)   plazca (184)
haya (101)   entienda (157)   sean (212)
tenga (104)   abandonen (178)   dé (223)
pueda (112)   trate (180)   incorporen (228)

2. *Traducción*

a. Traduzca al inglés los siguientes pronombres de objeto:

los (7)   los (114)   lo (161)
lo (25)   se la (122)   los (176)
se le (38)   lo (127)   les (192)
lo (50)   le (141)   los (193)
les (53)   lo (141)   lo (226)
les (111)   lo (160)

b. Traduzca las líneas: 12–20, 61–64, 69–71, 108–110, 170–173, 213–216.

3. *Interpretación*

De las tres posibilidades ofrecidas, termine la frase con la que refleje mejor las ideas del autor.

1. En México hay tres millones de personas atrasadas que hablan...
   a. español   b. lenguas indígenas   c. lenguas extranjeras
2. Entre los indígenas y el resto de los mexicanos hay una diferencia...
   a. cultural   b. de sensibilidad artística   c. racial
3. Los indígenas fueron arrojados...
   a. de sus casas   b. de las escuelas   c. a regiones remotas
4. En las zonas donde habitan los indígenas es difícil...
   a. construir escuelas   b. establecer fincas   c. construir una casa cómoda
5. La familia indígena vive...
   a. de lo que compra   b. de lo que produce   c. de los regalos del patrono
6. Para el indígena una fuerza extraña natural es...
   a. el gobierno   b. la escuela pública   c. la finca de café

7. El indígena no comprende . . .
   a. el trabajo útil   b. los asuntos agrícolas   c. el concepto de patria
8. El mestizo es una mezcla racial de . . .
   a. indígena y europeo   b. indígena y africano   c. europeo y oriental
9. Es falso declarar que todos los mexicanos son . . .
   a. amargos   b. iguales   c. espíritus sensibles
10. El indígena no puede explotar sus tierras porque no tiene . . .
    a. buenas fincas   b. ventajas económicas   c. ayuda técnica

4. Preguntas

Conteste a las preguntas en términos del enunciado inicial y de su comprensión del texto.

1. Cuando el indígena mexicano quiere educar a sus hijos, no encuentra escuelas públicas.
   a. ¿Dónde vive este indígena?
   b. ¿Qué ventajas quiere darles a sus hijos?
   c. ¿Que le falta?
   d. ¿Quién debe construir estas escuelas?
2. La Constitución y las leyes mexicanas declaran que el indígena es ciudadano de México.
   a. ¿De qué grupo se trata?
   b. ¿Qué documento se menciona aquí?
   c. ¿Cómo describen las leyes a los indígenas?
   d. ¿A qué país pertenecen estas leyes?
3. La máxima injusticia es declarar iguales ante la ley a los que de hecho no lo son.
   a. ¿Cómo describe el autor esta falsa igualdad?
   b. ¿A qué ley se refiere?
   c. ¿Cuál sería un ejemplo de personas desiguales?
   d. ¿Qué debe reconocer la ley?
4. El único camino justo es dar a los indígenas las ventajas de la cultura nacional.
   a. ¿De qué grupo se trata?
   b. ¿Qué les falta a los indígenas?
   c. ¿A qué injusticia se refiere aquí?
   d. ¿Quién debe darles esto a los indígenas?

5. Los hombres no deben someterse a un régimen estándar sino que deben conservar una variedad cultural.
   a. ¿Qué clase de régimen se rechaza aquí?
   b. ¿Qué quiere lograr el autor?
   c. ¿Cuáles aspectos de la vida indígena deben conservarse?
   d. ¿El autor prefiere la uniformidad o la mezcla de culturas?
6. La única transformación social duradera se realiza por medio de la educación y el ejemplo.
   a. ¿Qué clase de transformación se quiere realizar?
   b. ¿Por qué no es útil la transformación que se logra a la fuerza?
   c. ¿Cuál es el método más eficaz de transformación?
   d. Según el autor, ¿puede durar mucho la transformación legal?
7. No se necesitan discursos sentimentales sino la inversión de los recursos necesarios.
   a. ¿Qué clase de discursos rechaza el autor?
   b. ¿Qué es lo que debe invertirse?
   c. ¿Cuáles son los recursos necesarios?
   d. ¿Por qué rechaza el autor los discursos sentimentales?
8. Muchas personas en México no expresan sus pensamientos en español.
   a. ¿De qué personas se trata?
   b. ¿Qué idioma no saben hablar estas personas?
   c. ¿Para qué se utiliza la lengua?
   d. ¿Con qué lenguas expresan ellos sus ideas?
9. El indígena no quiere salir de su comunidad porque tiene miedo de un mundo extraño.
   a. ¿Dónde quiere quedarse el indígena?
   b. ¿De qué tiene miedo?
   c. ¿Cómo se puede eliminar este miedo?
   d. ¿Quiénes viven en esta comunidad?
10. La pobreza de la tierra explica la enorme dispersión de la población indígena.
    a. ¿Viven los indígenas dispersos o agrupados en ciudades?
    b. ¿Cuál es la condición de la tierra?
    c. ¿Qué efecto tiene la tierra en la vida de los indígenas?
    d. ¿Cuál es la solución a este problema?

ANÁLISIS

Prepare Ud. una contestación a uno o más de los *Puntos de vista* incluidos en el texto de "¿El indio mexicano es mexicano?"

Domingo Faustino Sarmiento

FACUNDO, CIVILIZACIÓN Y BARBARIE, VIDA DE JUAN FACUNDO QUIROGA

Domingo Faustino Sarmiento (1811–1888), político, autor y educador argentino. Sarmiento, enemigo del dictador Juan Manuel Rosas[1] y de Facundo Quiroga,[2] vivió **desterrado** *en Chile donde alcanzó prominencia en la comunidad intelectual. Volvió a Buenos Aires en 1852 después de la* **derrota** *de Rosas y participó activamente en la política. Fue nombrado embajador en Estados Unidos y en 1868 fue elegido presidente de la Argentina. También dedicó sus esfuerzos al desarrollo de la educación pública. Hoy se le recuerda por sus escritos y particularmente por* Facundo, Civilización y barbarie, vida de Juan Facundo Quiroga *(1845).*

VOCABULARIO ACTIVO

bello beautiful
bosque (m.) forest
burla taunt, joke
confundir to confuse
deber (m.) duty
descuidar to neglect
envolver (ue) to wrap
éxito success
jefe chief, leader
juez (m.) judge

junto together
ladrón (m.) thief
llanuras plains
probar (ue) to prove; to test
recoger to collect
río river
sacerdote (m.) priest
salida exit
señalar to point out, indicate
testigo witness

desterrado: exiled   **derrota:** defeat

De *Facundo, Civilización y barbarie, vida de Juan Facundo Quiroga*, Porrúa, México, 1966 (1a. edn. 1845), de Primera Parte, caps. 1 y 2.

[1] Juan Manuel Rosas (1793–1877), caudillo (leader) gaucho y dictador de la provincia de Buenos Aires (1829–1852). Rosas también tenía amplios poderes sobre las otras provincias. Su gobierno persiguió a los intelectuales de Buenos Aires, y muchos de ellos tuvieron que huir del país.

[2] Juan Facundo Quiroga, famoso caudillo gaucho que dominó y aterrorizó gran parte del interior de la Argentina. Sarmiento lo emplea en este libro como símbolo de la barbarie que existía en la Argentina en aquella época.

Capítulo I: Aspecto físico de la República Argentina y caracteres, hábitos e ideas que engendra.

El mal que **aqueja** a la República Argentina es la extensión; el desierto la rodea por todas partes, la soledad, el **despoblado** sin una habitación humana, son por lo general los límites incuestionables entre unas y otras provincias. Allí, la inmensidad por todas partes; inmensa la **llanura**, inmensos los bosques, inmensos los ríos, el horizonte siempre incierto, siempre confundiéndose con la tierra. Al Sur y al Norte, los **salvajes**[3] **aguardan** la noche para caer sobre los ganados y las indefensas poblaciones.

Buenos Aires está llamada a ser un día la ciudad más gigantesca de ambas Américas.[4] Bajo un clima benigno, **señora** de la navegación de cien ríos que fluyen a sus pies, y con trece provincias interiores que no conocen otra salida para sus productos, ella sola, en la vasta extensión argentina, está en contacto con las naciones europeas, ella sola explota las ventajas del comercio extranjero; ella sola tiene el poder de **rentas**. En vano le han pedido las provincias que les deje pasar un poco de civilización, de industria y de población europea;[5] una política estúpida y colonial se hizo sorda a esos clamores. Pero las provincias se **vengaron**, mandáronsele a Rosas. Queríamos la unidad en la civilización y en la libertad, y se nos ha dado la unidad en la barbarie y en la esclavitud. Lo que por ahora interesa conocer, es que los progresos de la civilización se acumulan sólo en Buenos Aires; la pampa es un malísimo conductor para llevarla y distribuirla en las provincias.

aqueja: distresses   **despoblado:** uninhabited place   **llanura:** plain
salvajes: savages   **aguardan:** await   **señora:** mistress   **rentas:** income
vengaron: revenge

[3] Las tribus indígenas de la Argentina eran nómadas guerreros cuyos ataques contra los pueblos cristianos del interior representaron un peligro constante hasta fines del siglo XIX.

[4] Buenos Aires tenía un monopolio sobre el comercio con Europa y por eso llegó a ser una metrópoli rica. Sin embargo se negó a repartir su riqueza o su poder con las otras provincias de la Argentina. Esto causó una fricción y una violencia continuas y la Argentina no alcanzó la unidad nacional sino hasta fines del siglo XIX.

[5] El argentino culto por lo general sentía una mayor afinidad con Europa, y particularmente con Francia, que con los otros argentinos del interior del país.

PUNTOS DE VISTA: 1

¿En los Estados Unidos también las ciudades como Boston, Filadelfia y Nueva York dominaron la riqueza y la cultura? ¿Causó esto divisiones internas en los Estados Unidos?

La ciudad capital de las provincias existe algunas veces ella sola sin ciudades menores. El desierto, a más o menos distancia, las oprime; la naturaleza salvaje las reduce a unos oasis de civilización en un llano de centenares de millas **cuadradas**.

El hombre de la ciudad **viste** el traje europeo, vive de la vida civilizada tal como la conocemos en todas partes: allí están las leyes, las ideas de progreso, los medios de instrucción, alguna organización municipal, el gobierno regular, etc. Saliendo de la ciudad, todo cambia de aspecto: el hombre de campo lleva otro traje que llamaré americano, por ser común a todos los pueblos; sus hábitos de vida son diversos, sus necesidades peculiares y limitadas; parecen dos sociedades distintas, dos pueblos extraños uno de otro. Aún hay más; el hombre de la **campaña**, lejos de aspirar a semejarse al de la ciudad, rechaza con desdén su lujo y sus **modales** corteses. Ningún signo europeo puede presentarse **impunemente** en la campaña. Todo lo que hay de civilizado en la ciudad está bloqueado por allí; y el que **osara** mostrarse atraería sobre sí las burlas y las agresiones brutales de los campesinos.

PUNTOS DE VISTA: 2

¿Cuáles son los paralelos y las diferencias entre las condiciones de vida de los gauchos y las de los norteamericanos que colonizaron el oeste de los Estados Unidos en el siglo XIX?

En las llanuras argentinas no existe la tribu nómada; el **pastor** posee el **suelo** con **títulos** de propiedad, pero para ocuparlo, ha sido necesario disolver la asociación y derramar

cuadradas: square   **viste:** wears   **campaña:** countryside   **modales:** mannerisms
impunemente: with impunity   **osara:** dare   **pastor:** shepherd   **suelo:** soil
títulos: deeds

las familias sobre una inmensa **superficie**. Imaginaos una extensión de dos mil leguas[6] cuadradas cubierta toda de población, pero colocadas las habitaciones a cuatro leguas de distancia unas de otras, a ocho a veces, a dos las más cercanas. Los goces de lujo no son incompatibles con este aislamiento; pero el estímulo falta, el ejemplo desaparece, la necesidad de manifestarse con dignidad que se siente en las ciudades, no se hace sentir allí en el aislamiento y la soledad. Las privaciones indispensables y la frugalidad en los goces trae en seguida todas las exterioridades de la barbarie. La sociedad ha desaparecido completamente; queda sólo la familia feudal, aislada; toda clase de gobierno se hace imposible; la municipalidad no existe, y la justicia civil no tiene medios de alcanzar a los delincuentes.

El progreso moral, la cultura de la inteligencia, es aquí, no sólo descuidada, sino imposible. ¿Dónde colocar la escuela para que asistan a recibir lecciones los niños diseminados a diez leguas de distancia en todas direcciones? Así, pues, la barbarie es normal y gracias si las costumbres domésticas conservan un **corto** depósito de moral. La religión sufre las consecuencias de la disolución de la sociedad; el púlpito no tiene **auditorio**, el sacerdote huye de la **capilla** solitaria, o se desmoraliza en la inacción y en la soledad.

Es **preciso** ver a estos españoles para saber apreciar los caracteres **indómitos** y **altivos** que nacen de esta lucha del hombre aislado con la naturaleza salvaje, el racional con el bruto; es preciso ver estas caras cerradas para juzgar del compasivo desdén que les inspira la vista del hombre sedentario de las ciudades, que puede haber leído muchos libros, pero que no sabe **aterrar*** un toro y darle muerte, que no sabrá **proveerse** de caballo a campo abierto, a pie y sin **auxilio** de nadie, nunca ha parado un tigre, recibiéndolo con el **puñal** en una mano y el poncho envuelto en la otra. Este hábito de triunfar de las resistencias, de mostrarse siempre superior a la naturaleza,

---

superficie: surface **corto**: small **auditorio**: audience **capilla**: chapel
preciso: necessary **indómitos**: untamed **altivos**: arrogant
***aterrar**: bring down **proveerse**: provide **auxilio**: aid **puñal**: dagger
* Los términos marcados con asterisco no son de uso común.

[6] Legua = aproximadamente 3 millas.

desenvuelve prodigiosamente el sentimiento de la importancia
individual y de la superioridad.

La vida del campo, pues, ha desenvuelto en el gaucho las
facultades físicas, sin ninguna de las de la inteligencia. Su
carácter moral **se resiente** de su hábito de triunfar de los
obstáculos y del poder de la naturaleza; es fuerte, altivo,
enérgico. Sin ninguna instrucción, sin necesidades, es feliz en
medio de su pobreza y de sus privaciones. El gaucho no trabaja;
el alimento y el vestido se lo **proporcionan** sus ganados. Las
atenciones que el ganado exige, se reducen a partidas de placer.
La **hierra*** es una fiesta cuya llegada se recibe con transportes de júbilo; allí es el punto de reunión de todos los hombres de veinte leguas **a la redonda**.

PUNTOS DE VISTA: 3

Sarmiento, un intelectual de la ciudad, admira y defiende la cultura cosmopolita. Sin embargo, también es obvio que admira al gaucho, enemigo de la civilización. ¿Es posible explicar esta contradicción aparente?

Capítulo II: Originalidad y caracteres argentinos. El **rastreador.**
El **baquiano.** *El gaucho malo. El cantor*

Si de las condiciones de la vida pastoril, nacen graves dificultades para una organización política cualquiera, y para el
triunfo de la civilización europea, no puede negarse que esta
situación tiene su **costado** poético. Una literatura nacional en
las nuevas sociedades americanas resultará de la descripción de
las grandiosas escenas naturales, y sobre todo de la lucha entre
la civilización europea y la barbarie indígena, entre la inteligencia y la materia; la lucha imponente en América, que da
lugar a escenas tan peculiares, tan características y tan fuera del
círculo de ideas en que se ha educado el espíritu europeo.

Existe, pues, un fondo de poesía que nace de los accidentes
naturales del país y de las costumbres excepcionales que
engendra. La poesía para despertarse necesita el espectáculo de

se resiente: feels the effects **proporcionan:** provide ***hierrra:** branding
a la redonda: around **rastreador:** tracker **baquiano:** guide **costado:** side

lo bello, del poder terrible de la inmensidad, de lo vago, de lo incomprensible. De aquí que el pueblo argentino es poeta por carácter, por naturaleza. También nuestro pueblo es músico. Del centro de estas costumbres y gustos generales se levantan especialidades notables, que un día darán un tinte original al drama y al **romance*** nacional.

PUNTOS DE VISTA: 4

Si el gaucho es el héroe nacional argentino, ¿se puede decir que el vaquero del tipo del "Lone Ranger" ocupa un lugar semejante en los Estados Unidos? ¿Puede Ud. compararlos?

El más conspicuo de todos, el más extraordinario, es el *rasteador*. Todos los gauchos del interior son rastreadores. En llanuras en donde las **sendas** y caminos se cruzan en todas direcciones, y los campos son abiertos, es preciso saber seguir las **huellas** de un animal, y distinguirlas de entre mil. Ésta es una ciencia popular.

El rastreador es un personaje grave, circunspecto, cuyas **aseveraciones hacen fe*** en los tribunales **inferiores**. La conciencia del saber que posee, le da cierta dignidad reservada y misteriosa. Todos le tratan con consideración: el pobre, porque puede hacerle mal, **calumniándo**lo o denunciándolo; el propietario, porque su testimonio puede **fallar**le. Un robo se ha ejecutado durante la noche; corren a buscar una **pisada** del ladrón, y encontrada, se cubre con algo para que el viento no la disipe. Se llama en seguida al rastreador, que ve el rastro, y lo sigue, como si sus ojos vieran **de relieve** esta pisada que para otro es imperceptible. Sigue el curso de las calles, entra en una casa, y señalando un hombre que encuentra dice fríamente: "¡Éste es!" El **delito** está probado y raro es el delincuente que resiste a esta acusación. Para él, más que para el juez, la disposición del rastreador es la evidencia misma; negarla sería ridículo, absurdo. Se somete, pues, a este testigo que considera como el **dedo** de Dios que lo señala.

*romance: novel sendas: paths huellas: tracks aseveraciones: assertions
*hacen fe: are honored inferiores: lower calumniándo: slandering
fallar: pass sentence pisada: footprint de relieve: in relief delito: crime
dedo: finger

Después del rastreador, viene el *baquiano*, personaje eminente. El baquiano es un gaucho grave y reservado, que conoce veinte mil leguas cuadradas de llanura, bosques y montañas. Es el topógrafo más completo; es el único mapa que lleva un general para dirigir los movimientos de su campaña. El baquiano va siempre a su lado, está en todos los secretos de la campaña; la suerte del ejército, el éxito de una batalla, la conquista de una provincia, todo depende de él.

El baquiano es casi siempre fiel a su deber; pero no siempre el general tiene en él confianza. Imaginaos la posición de un jefe condenado a llevar un traidor a su lado, y a pedirle los conocimientos indispensables para triunfar. Un baquiano encuentra una sendita, él sabe a qué **agua** remota conduce; si encuentra mil, esto **sucede** en un espacio de cien leguas, él las conoce todas, sabe de dónde vienen y adónde van. Él sabe el **vado** oculto que tiene un río, y esto en cien ríos.

En lo más obscuro de la noche, en medio de los bosques o en llanuras sin límites, observa los árboles; si no los hay, se desmonta, se inclina a tierra, se orienta, y monta en seguida.

El *Gaucho Malo*, este es un tipo de ciertas localidades, un *outlaw*, un *squatter*, un misántropo particular. Es el *Ojo de Halcón*[7] de Cooper, con toda su ciencia del desierto, con toda su aversión a las poblaciones de los blancos; pero sin su moral natural y sin sus conexiones con los salvajes. La justicia lo persigue desde muchos años; su nombre es temido, pronunciado en voz baja, pero sin odio y casi con respeto. Es un personaje misterioso. **De repente**, se presenta el Gaucho Malo en un **pago*** de donde la **partida*** acaba de salir; conversa pacíficamente con los buenos gauchos, que lo rodean y lo admiran; y si **divisa** la partida, monta tranquilamente en su caballo, y lo **apunta** hacia el desierto, sin prisa, desdeñando **volver** la cabeza. La partida rara vez lo sigue; mataría inutilmente sus caballos porque el que monta el Gaucho es tan célebre como su amo. A veces se presenta a la puerta de un baile campestre con una muchacha

aguada: water supply   **sucede:** happens   **vado:** ford
de repente: suddenly   ***pago:** district   ***partida:** police patrol
divisa: makes out   **apunta:** aims   **volver:** turn

[7] Hawkeye—personaje central de James Fenimore Cooper, *The Deerslayer* (1841).

que ha robado; entra en baile y desaparece sin que nadie lo
advierta. Otro día se presenta en la casa de la familia ofendida,
hace descender a la niña que ha seducido, y **se encamina** tranquilo.
Este hombre divorciado con la sociedad, este salvaje de color
blanco, no es un ser más depravado que los que habitan las
poblaciones. Es inofensivo para con los viajeros. El Gaucho
Malo no es un bandido; el ataque a la vida no entra en su idea;
roba, es cierto, pero ésta es su profesión, su tráfico, su ciencia.
Roba caballos. Ha visto y examinado todos los caballos que
hay en la provincia, con sus marcas, colores, **señas** particulares.

PUNTOS DE VISTA: 5

Sarmiento admira el tipo de "outlaw" o misántropo representado por el Gaucho Malo. ¿Encuentra Ud. paralelos y contrastes con Robin Hood, el mítico héroe inglés?

El *cantor*. Aquí tenéis la idealización de aquella vida de
civilización, de barbarie y de peligros. El gaucho cantor es el
mismo bardo, el trovador de la Edad Media, que se mueve en
la misma escena, entre las luchas de las ciudades y el feudalismo
de los campos. El cantor está haciendo candorosamente el
mismo trabajo de crónica, costumbres, historias, biografía, que
el bardo de la Edad Media, y sus versos serían recogidos más
tarde si a su lado no estuviese otra sociedad con superior
inteligencia. En la República Argentina se ven a un tiempo dos
civilizaciones distintas: una naciente, otra, que sin cuidarse de
lo que tiene a sus pies, intenta realizar los últimos resultados de
la civilización europea. El siglo XIX y el siglo XII viven juntos:
el uno dentro de las ciudades, el otro en las campañas.

PUNTOS DE VISTA: 6

Sarmiento define dos culturas argentinas que coexistían: "El siglo XIX y el Siglo XII viven juntos." ¿Había dos culturas norteamericanas que coexistían durante el siglo XIX?

advierta: takes notice   **se encamina**: takes the road   **señas**: features

El cantor no tiene residencia fija, está donde la noche lo sorprende; su fortuna en sus versos y en su voz. Dondequiera que se **apure** una **copa** de vino, el cantor tiene su lugar preferente. El gaucho argentino, no bebe, si la música y los versos no lo excitan, y cada **pulpería*** tiene su guitarra para poner en manos del cantor.

El cantor mezcla entre sus cantos heroicos la relación de sus propias **hazañas**. **Desgraciadamente**, el cantor con ser el bardo argentino, no está libre de la justicia. También, tiene que **dar cuenta de** una o dos muertes y algún caballo o alguna muchacha que robó.

Aun podría **añadir** a estos tipos originales muchos otros igualmente curiosos, igualmente locales, si tuviesen, como los **anteriores**, la peculiaridad de revelar las costumbres nacionales, sin lo cual es imposible comprender nuestros personajes políticos.

PUNTOS DE VISTA: 7

¿Cuáles son los atributos personales del gaucho que más le impresionan a Sarmiento?

ESTUDIO DE PALABRAS

Nombres

agresiones
animal
ataque (182)
aversión
bruto
centro
ciencia
círculo
comercio (18)
contacto

delincuentes
desierto
distancia
drama
escenas
espacio
espectáculo
evidencia
facultades
fortuna

apure: drain   **copa:** glass   ***pulpería:** general store   **hazañas:** deeds
desgraciadamente: unfortunately   **dar cuenta:** account for   **añadir:** add
anteriores: preceding

inmensidad
justicia
límites
mapa
movimientos
obstáculos
política
productos

resistencias
resultados
secretos
signo
traidor (151)
tribu (47)
versos

Adjetivos

absurdo
brutales
características
civil
civilizada
curiosas
domésticas
enérgico (90)
estúpida
excepcionales
extraordinario
feudal
gigantesca
heroicos
humana
imperceptible

incompatibles
incomprensible
indispensables
inofensivo
municipal
nómada (47)
normal
original
poético
regular
remota
ridículo
sedentario
vago (112)
vasta

Verbos

acumular
apreciar
condenar
considerar
desaparecer
descender
desmoralizar
diseminar
disipar
disolver

distinguir
divorciar
examinar
excitar
inspirar
interesar
ofender
pasar
reducir
revelar

Palabras derivadas

I

admirar admiración admirador (169)
aspirar aspiración (41)
confundir confusión confuso (9)
distribuir distribución (27)
imaginar imaginación (50)
inclinar inclinación (159)

II

burlas burlar burlador (46)
desdén desdeñar (42, 171)
estímulo estimular (55)
goces gozar (58)
gustos gustar (115)
industria industrializar industrial (20)
límite limitar *limitadas* (158, 39)
prueba *probar* (ue) (136)

III

especialidades especial especializar (116)
propietario propiedad (128)
residencia residir (199)
vengar venganza (22)

Palabras en el contexto

Compruebe el significado de las siguientes palabras de acuerdo con el texto y escriba una oración con cada palabra.

accidentes (109)   cortés (42)   fluir (14)
bandido (182)   cruzar (120)   reunión (95)
campaña (145)   curso (134)   vano (19)

EJERCICIOS DE COMPRENSIÓN

1. Comentario estructural

a. Explique los siguientes usos de "se":

confundiéndose (9)	manifestarse (56)	se ha educado
se hizo (21)	se siente (56)	(108)
mandáronsele (22)	mostrarse (83)	se cruzan (120)
se nos ha dado (23)	se lo	se llama (132)
se acumulan (26)	proporcionan (92)	se somete (139)
semejarse (41)	se reducen (93)	se presenta (167)

b. Explique los siguientes usos de "que":

lo que (24)	que (135)	los que (180)
lo que (44)	qué (153)	que (191)
el que (45)	que (169)	lo que (196)
que (131)	sin que (175)	que (207)
que (132)		

2. Traducción

Líneas: 19–21, 41–43, 51–54, 66–68, 114–115, 133–135, 193–195, 196–198, 207–208.

3. Interpretación

De las tres posibilidades ofrecidas, termine la frase con la que refleje mejor las ideas del autor.

1. La República Argentina sufría a causa de ...
    a. los ladrones   b. la extensión de su territorio   c. los malos sacerdotes
2. La ciudad llamada a ser la más gigantesca de las Américas era ...
    a. Buenos Aires   b. Santiago de Chile   c. Los Ángeles
3. Sólo Buenos Aires estaba en contacto con ...
    a. los gauchos   b. las provincias del interior   c. Europa
4. El hombre del campo se burlaba de los ...
    a. sacerdotes   b. hombres de la ciudad   c. jefes políticos
5. En el campo la justicia tenía problemas para alcanzar ...
    a. a un ladrón   b. un sistema ideal   c. buenos testigos

6. La vida del campo desenvuelve en el hombre el sentimiento de . . .
   a. la burla   b. la justicia   c. la importancia individual
7. Lo original y lo bello en la literatura nacional serán . . .
   a. las competencias atléticas   b. los ríos argentinos   c. los gauchos
8. En la pampa el baquiano era un hombre que conocía todos . . .
   a. los caminos   b. los bosques   c. los jueces
9. El Gaucho Malo era un . . .
   a. burlador   b. jefe político   c. ladrón de caballos
10. El gaucho cantor era semejante al . . .
    a. bardo medieval   b. ladrón moderno   c. sacerdote

4. Preguntas

Conteste a las preguntas en términos del enunciado inicial y de su comprensión del texto.

1. Los salvajes robaban ganado y atacaban los poblaciones indefensas.
   a. ¿Qué robaban los salvajes?
   b. ¿Qué atacaban los salvajes?
   c. ¿Los pueblos tenían buena protección?
   d. ¿Quiénes eran estos ladrones?
2. Sólo Buenos Aires recogía los beneficios del comercio extranjero.
   a. ¿Cuál era la ciudad más rica de la Argentina?
   b. ¿De dónde recogía su riqueza?
   c. ¿De qué clase de comercio se trata?
   d. ¿Se recogían estos beneficios en toda Argentina?
3. Buenos Aires no dejaba que la civilización pasara a las provincias.
   a. ¿Qué dominaba Buenos Aires?
   b. ¿Quiénes querían más civilización?
   c. ¿Cuál era el punto de salida y entrada de todos los productos?
   d. ¿Por qué estaban atrasadas las provincias?
4. El gaucho rechaza con desdén el lujo de la ciudad.
   a. ¿Quién prefería una vida pobre?
   b. ¿Qué aspecto de la ciudad desdeñaba el gaucho?
   c. ¿A quiénes rechazaba el gaucho?
   d. ¿Para el gaucho, qué era motivo de burlas?

5. En la pampa la distancia hacía imposible el progreso de la cultura.
   a. ¿Qué región se comenta aquí?
   b. ¿Qué es lo que no podía progresar?
   c. ¿Qué elemento natural limitaba el progreso?
   d. ¿Por qué era imposible construir escuelas en la pampa?
6. El gaucho tenía que probarse contra la naturaleza.
   a. ¿Qué debía hacer el gaucho?
   b. ¿Quién era el enemigo del gaucho?
   c. ¿Qué efecto tenía esto en el gaucho?
   d. ¿Era una prueba física o intelectual?
7. Era imposible que un ladrón se escapara de los ojos de un rastreador.
   a. ¿Quién era el testigo aquí?
   b. ¿Quién no podía escaparse?
   c. ¿De qué no podía escaparse?
   d. ¿Qué opinión tenían los jueces del rastreador?
8. La poesía necesita un objeto bello e inmenso como el gaucho.
   a. ¿Cuál es un buen tema para la poesía?
   b. ¿Cuáles son los atributos poéticos del gaucho?
   c. ¿Qué clase de sentimientos inspira el gaucho en Sarmiento?
   d. ¿Cuál es un mejor objeto poético, el gaucho o el hombre de la ciudad?
9. Era difícil alcanzar un Gaucho Malo porque tenía un caballo célebre.
   a. ¿Qué clase de caballo tenía este gaucho?
   b. ¿A qué tipo de gaucho se refiere?
   c. ¿Quiénes querían alcanzarlo?
   d. ¿Cuáles eran las cualidades particulares de este gaucho?
10. En la República Argentina coexistían el siglo XIX y el siglo XII juntos.
    a. ¿De qué país se trata?
    b. ¿Qué grupo social representaba el siglo XIX?
    c. ¿Qué grupo social representaba el siglo XII?
    d. ¿Sarmiento mostraba alguna preferencia, o admiraba a ambos grupos?

ANÁLISIS

Prepare Ud. una contestación a uno o más de los *Puntos de vista* incluidos en el texto de *Facundo, civilización y barbarie*. . . .

SPANISH–ENGLISH VOCABULARY

Nouns that end in **-o** are masculine; nouns that end in **-a, -ión, -tud, -tad,** and **-dad** are feminine. The gender of other nouns is indicated. Stem-changing verbs are marked (**ie, ue, i**). A dash indicates that the key word is repeated. Idioms are located under the key word in the expression: **a través de**, for example, is listed under **través**. Prepositions that normally accompany verbs are noted in parentheses. Not included are cardinal numbers, articles, object and subject pronouns, cognates, demonstrative and possessive adjectives and the words that appear in the "Palabras en el contexto" section of each chapter. Where the various forms of a word are similar, only one is listed, usually the verb.

abolir   to abolish
abrir   to open
acabar   to end; **— de**   to have just
acarrear   to bring upon
aceite (*m*.)   oil
acercarse (a)   to approach
aclarar   to clarify
acompañar   to accompany
acontecer   to happen
acontecimiento   event
actual   contemporary
acuerdo   accord, agreement
acúmulo   accumulation
adecuado   adequate
además   besides
adoctrinar   to indoctrinate
adquirir   to acquire
adscrito   attached
adular   to adulate
advenimiento   coming
advertir (ie)   to advise; to observe, notice
afán (*m*.)   anxiety, urge

afanar   to exert
aglomeración   mass
el agua (*f*.)   water
el aguada (*f*.)   water hole, water supply
aguantar   to endure
aguardar   to await
agudo   sharp
ahí   there; **de —**   therefore
ahora   now
aislamiento   isolation
aislar   to isolate
ajeno   alien
alabanza   praise
alambique (*m*.)   still (alcohol)
albedrío   will (philos.)
alcabala   tax
alcanzar   to achieve, attain, reach
aldea   village
alegar   to allege
alegría   happiness
Alemania   Germany
algo   something

algunos some
aliar to ally
alimentar to feed
allí there
el alma (*f.*) soul
alojamiento lodging
alquiler (*m.*) rent
alrededor around
altivo arrogant
alto high
amabilidad kindness; amiability
amargo bitter
ambiente (*m.*) environment
ambos both
amistad friendship
amo master
analfabetismo illiteracy
andar to walk; to go, travel
angustiarse to feel distressed
animadversión ill-will
ante before
antepasado ancestor
anterior foregoing, preceding
anticipo advance payment
antiguo ancient
añadir to add
año year
apagar to put out
aparcar to park
aparecer to appear
aparición appearance
apartado remote
apasionado passionate
apenas hardly
apoderarse (de) to seize
apogeo high point
apoyarse (en) to lean, rest on
apoyo support
aprender to learn
aprendizaje (*m.*) apprenticeship
apuntar to point out; to aim
apurar to drain
aquejar to distress
aquí here
árbol (*m.*) tree
arder to burn
armonizable harmonizable

articulación joint
arrastrar to drag
arrebato rage
arribar to arrive
arrojar to throw
arrollar to crush
arrullar to lull
asalariado salaried
asegurar to assure
aseveración assertion
así thus, in this manner; — **como** just as
asiento seat
asignar to assign
asistir to attend
asolar to lay waste
asunto affair
aterrar (ie) to bring down
atraer to attract
atrasado backwards
atraso backwardness
audaz audacious
auditorio audience
aumentar to increase
aun even; **aún** still
aunque although
autocrítica self-criticism
auxilio aid
avivar to sharpen
ayudar to help
azotar to scourge; to whip

bagaje (*m.*) baggage
bailar to dance
bajo low (*adj.*); beneath, under
bandera flag
bañar to bathe
baquiano guide
barba beard
barrer to sweep
barrio district; neighborhood
bastar to suffice, be enough
beber to drink
beca scholarship
belleza beauty
bello beautiful
bendito holy, blessed

biblioteca library
bienes (*m.*) goods; property
bienestar (*m.*) well-being
blanco white
bohío hut
bolsillo pocket
borde (*m.*) edge
bosque (*m.*) forest
bóveda dome
burlar to taunt; to joke
buscar to look for

caballero gentleman, knight
caballería chivalry
caballo horse
cabecera headboard
caber to fit
cabeza head
cabo end
cada each; — **cual** each one; each person
cadena chain
caer to fall
caldera kettle
calidad quality
calor (*m.*) heat
calumniar to slander
calle (*f.*) street
cambiar to change
en cambio on the other hand
camino road
campaña countryside; campaign
campesino peasant
campo camp; field, countryside
canalla rabble
cansar to tire
cantar to sing
cantidad quantity
cantor (*m.*) singer; bard
caña sugar cane
capaz capable
capilla chapel
capitanear to lead
capítulo chapter
capricho caprice
cara face
cárcel (*f.*) jail

carecer to lack
cargo position, post
caridad charity
casa house; home
casi almost
caso case
castigar to punish
catarata cataract
caudal (*m.*) volume
cayo key (geog.)
célula cell
censo census
centenares hundreds
cerca near
cercana near, nearby
cerebro brain
cerrar to close
cesar to cease
ciego blind
por ciento percent
por cierto of course
cigarrillo cigarette
cine (*m.*) movies
cinta tape
citar to cite
ciudad city
ciudadano citizen
clamar to cry out
clérigo priest
clero clergy
cobrar to collect (debt)
coche (*m.*) car
cola tail
cólera anger
colocar to place, put; to locate
colono colonist
cometer to commit
como as, like
cómodo comfortable
compañero companion
compinche (*m.*) pal
componer to compose
comportar to behave
comprar to buy
comprender to understand
comprimir to compress
comprobar (ue) to verify, prove

compromiso obligation
concretar to make concrete
concurrir to take part in
condenar to condemn
conducir to lead, conduct, guide
confiado confident
confianza confidence
confiar to entrust
conforme a according to
confundir to confuse
conjugar to conjugate
conjunto whole; entirety
conocer to know
conocimiento knowledge
conquistar to conquer
consanguinidad blood relationship
consecución acquisition
conseguir (i) to obtain; to succeed in
consejo council
conservar to preserve
constituir to constitute
construir to construct
consuelo consolation
contestar to answer
contra against
contrariar to oppose
contrato contract
convenir (ie) to be important; to be a good thing, be advisable
convivencia living together
copa glass
coro chorus
correr to run
cortar to cut
corto small; short
costado side
costumbre (*f.*) custom
crapulosa drunken
crear to create
creciente growing
crecimiento growth
credo creed
creencia belief
creer to believe
cuadrar to square
cuadro staff
cual which

cualquiera whichever, of any kind
cuando when
cuánto how much; **en — (a)** insofar as; regarding
cuarto room; fourth
cubrir to cover
cuenta account
cuerpo body
cuidado care
cuidar to care; to take care of
cumplir to fulfill
cursar to study
cuyo whose

chocar to clash

daño harm
dar to give; **— en** to hit on; **—se cuenta (de)** to realize
deber (*m.*) duty
débil weak
decenio decade
decir (i) to say, tell
decretar to decree
dedo finger
dejar to allow, let; to leave; **— de** to stop
delante before, in front of
deleitar to delight, give pleasure
delito crime
demás other
demostrar (ue) to demonstrate, show
denominar to call; to name
dentro within
deparar to present
derecha right (direction)
derecho right (justice)
derramar to spill
derroche (*m.*) squandering
desafortunado unfortunate
desagradable unpleasant
desaparecer to disappear
desarrollar to develop
desbordarse to surpass oneself; to overflow
descansar to rest
descarriarse to go astray

descomponer to decompose
desconfianza distrust
desconocido unknown
descubrir to discover
descuidar to neglect
desde from; since; — **luego** of course
desear to desire
desempeñar un papel to play a role
desenvolver (ue) to develop
desgracia misfortune
desgraciadamente unfortunately
desgraciado unfortunate
desnudar to strip, denude
despegar to detach
despertar (ie) to awaken
despoblado uninhabited
despojar to take away
desposeído lacking
desprovisto devoid
después after
destrozar to destroy
destruir to destroy
desunir to separate
detener (ie) to detain
determinado specific
día (*m.*) day
diablo devil
diamante (*m.*) diamond
dictadura dictatorship
dictar to dictate
digno dignified, worthy
dilatar to spread
dios god
directriz (*f.*) directing force
dirigir to direct, guide, lead
discrepar to differ, disagree
discurso speech
disfrutar to enjoy
disgregación disintegration
disipar to dissipate
disminuir to diminish
disponer to make use of; to dispose
distar to be far from
distinguir to distinguish
distribuir to distribute
divisar to make out; to see

donde where; —**quiera** wherever; everywhere
dotar to endow
dudar to doubt
dueño owner, master
duradero lasting
durante during
durar to last
duro hard

edad age; epoch
efectuar to effect, bring about; —**se** to take place
eficacia efficiency
eficaz efficient
eje (*m.*) axis, core
ejecutar to execute
ejecutor executor
ejemplo example
ejercer to exercise
ejercicio exercise
ejército army
elegir (i) to select, choose
emanar to emanate
embajador ambassador
embrutecer to brutalize
empapar to soak
empeñar to pledge
empezar (ie) to begin
empresa enterprise
empujar to push
encaminar to take the road, set out
encararse to come face to face
encerrar to enclose
por encima de above
encontrar (ue) to find; encounter
enero January
enfermedad sickness
enfrentar to confront, face
engendrar to beget, breed
enlazar to unite, link
enriquecer to enrich
ensayo test; essay; trial; practice
enseñar to teach
ente (*m.*) being
entender (ie) to understand
entre between

SPANISH–ENGLISH VOCABULARY

entonces then
envoltura covering
envolver (ue) to involve; to wrap
equipo team; machinery
equivocado mistaken
errar to wander
escaso scarce, meager
esclavitud slavery
esclavo slave
esconder to hide
escorzo short
escribir to write
escuela school
esfuerzo effort
eso that; **por —** therefore
esperar to wait; to hope for
espina dorsal backbone
estado state
estallar to break out; to explode
estimular to stimulate
estímulo stimulus
estrella star
estruendoso noisy
etapa stage
Evangelio Gospel
evitar to avoid
evocador evocative
exacerbar to increase
excedente (*m.*) surplus
exigir to demand
éxito success
experimentar to experience
explicar to explain
explotador exploiting
expulsar to expel
exterior (*m.*) abroad
extraer to extract
extranjero foreign
extraño strange

fábrica factory
fácil easy
facilitar to provide
fallar to fail; to pass sentence
faltar to lack
fecundo fertile

fechoría villainy
feliz happy
ferrocarril (*m.*) railroad
fiel faithful
fijar to fix
fijo fixed
fin (*m.*) end
finca farm
fino fine
física physics
florecer to bloom
flota fleet
foco focus
fondo base, foundation
forzar (ue) to force
forzosamente necessarily
fracaso failure
frenar to hold back, brake
frente (*f.*) forehead; **— a** before; **in the face of**
frío cold
fuego fire
fuente (*f.*) source
fuera outside
fuerte strong
fuerza force, strength
fugaz fleeting
fundamento foundation
funesto fatal

ganado cattle
ganar to win, earn
gemelo twin
por lo general generally
gérmen (*m.*) seed
gigantesco gigantic
gobernar (ie) to govern
gótico gothic
gozar to enjoy
gracias thanks
grado degree
grande large
granja farm
gratuita free
grave serious
guerra war
gustar to please

Spanish-English Vocabulary

haber to be; to have (with past participle); **— de** to have to
habitación room
habitar to inhabit
hablar to speak, talk
hacer to do; to make; **— fe** to be honored; to be believed
hacia toward
hallar to find
el hambre (*f.*) hunger
hambriento hungry
hasta until
hay there is, there are
hazaña deed
hebreo Hebrew
hecho fact
heredar to inherit
herencia heritage
hermano brother
hermoso handsome, beautiful
hervir (ie) to boil
hierra branding
hijos children
hombre (*m.*) man
hombro shoulder
hoy today; **— día** nowadays
huella track
huésped (*m.*) guest
huir to flee
humilde poor, humble
hundir to sink

idioma language
iglesia church
igualdad equality
imberbe beardless
imperio rule; domination
implicar to imply
imponente imposing
imponer to impose
imprenta press
impunemente with impunity
inadvertido unnoticed
incierto uncertain
incluir to include
incultura lack of culture
índice (*m.*) indication

indio Indian
índole (*f.*) nature
indómito untamed
industrial industrialist
infame infamous
infiel unfaithful
inmóvil immovable
inquebrantable unbreakable
insalvable inescapable
inscrito inscribed
integrar to compose, make up
inteligencia understanding
intentar to attempt
intruso intruder
invento invention
a la inversa on the contrary
inversión investment
invertir(ie) to invest
involucrado involved
ir to go
islote (*m.*) small island
izquierda left

jamás never
jefe (*m.*) chief
jerarquía hierarchy
jerarquización stratification
jóven young
joyero jeweler
júbilo joy
judío Jewish
juego play, game
juez (*m.*) judge
juguete (*m.*) toy
juicio judgement
juntar to join
junto together; **— a** next to
justamente precisely
juzgar to judge

labrar to work
ladera slope
lado side; **de un —** on one hand
ladrón (*m.*) thief
lanzar to rush; to throw
largo long
lástima pity

latifundio large estate
lección lesson
lector reader
lectura reading
leer to read
legua league
lejano distant
lejos far, distant
lengua tongue; language
lento slow
levantar to raise
ley (*f.*) law
librar to free
libre free
libro book
líder leader
ligero light; slight
lograr to achieve, attain, succeed in
luchar to fight
lugar (*m.*) place
lujo luxury

llamado so-called
llamar to call
llano plain (geog.)
llanura plain (geog.)
llegar to arrive
llenar to fill
llevar to carry; to wear
llorar to cry

madre (*f.*) mother
maestro teacher
mal (*m.*) evil; bad (*adj.*)
maligno evil
mamar to suck, nurse
mandar to send; to order
manejar to operate; to handle, manage, control
mano (*f.*) hand
mantener (ie) to maintain
mañana morning
máquina machine
marco setting
marcharse to go away, leave
marzo March
más more; **— bien** rather

matar to kill
materia matter, material; **— prima** raw material
mayor de edad adult; older
mayormente mainly
mayúscula capital letter
mediante by means of
médico doctor
medida measure
medio means, manner; middle; half; environment; average
mejor better
mejorar to improve
menester necessary
menor minor
menos less; **por lo —** at least
mente (*f.*) mind
a menudo often
mercancía merchandise
mesa table
meta goal
mezclar to mix
miedo fear
miembro member
mientras while
milagro miracle
milla mile
minoría minority
mirar to look at
mismo same, self
mitad (*f.*) middle; half
modales mannerisms
modos ways; **de todos —** in any case
mono monkey
monstruo monster
montaña mountain
montar to mount
monte (*m.*) mountain
morir (ue) to die
mostrar (ue) to show
motivo motive; **por — de** because of
mover (ue) to move
móvil (*m.*) motive
muchacha girl
muchedumbre (*f.*) crowd

Spanish–English Vocabulary

muerte (*f.*) death
mujer (*f.*) woman
multa fine (penalty)
mundo world
museo museum
mutismo silence

nacer to be born
nadie nobody; anybody
naturaleza nature
necesitar to need
negar (ie) to deny; —**se a** to refuse
negocio business
nervio nerve
ni nor; neither
ningún not any, none, no
niño child
noche (*f.*) night
nombre (*m.*) name
novedad novelty
nuevo new; **de** — again
número number
nunca never
nutrir to nourish

obrero worker
obscuro dark
oculto hidden
ocupar to occupy
odiar to hate
oficina office
oír to hear
ojo eye
olvidar to forget
operario working man
oponer to oppose
oprimir to oppress
ordenar to order
osar to dare
otorgar to grant
otro other, another

pacífico peaceful
padecer to suffer
pagar to pay
pago district, payment

país (*m.*) country
palabra word
palabrería verbiage
paladín horseman, knight
paliar alleviate
papel (*m.*) role
paraíso paradise
parar to stop
parecer to seem, appear; **al** — apparently
parecido similar
parte part; **por otra** — on the other hand; **por** — **de** on the part of; **por todas** —**s** everywhere
particular private
partida game; police patrol
partir to leave; **a** — **de** beginning from
pasear to take a walk
paso step
pastor shepherd
patria country
patrono employer
pecado sin
pedir to request, ask
peligro danger
pelo hair
penoso painful
pensamiento thought
peor worse
pequeño small
perder to lose
pérdida loss
periódico newspaper
perjudicar to harm, hurt, damage
perseguir (i) to pursue; to persecute
personaje (*m.*) character
pertenecer to belong
a pesar de in spite of
peso weight
pie (*m.*) foot
piedad piety
pierna leg
pintoresco picturesque
pintura painting
piña pineapple
pisada footprint; step

placer (*m.*) pleasure
placer to please
planificación planning
planta station
plato dish
playa beach
plazo term; **a largo —** over a long period
pleno full
población settlement, town
poblado settled
poblar to populate
pobreza poverty
poco little, few
poder (*m.*) power
poder (ue) to be able
poderío power
poderoso powerful
poesía poetry
poner to put; **— en marcha** to start
pormenor (*m.*) detail
porque because
portador bearer
porvenir (*m.*) future
potencia power
practicar to practice
precio price
preconizar to foresee
preguntar to ask
prejuicio prejudice
prensa press
preocupar to worry, be concerned
presión pressure
prestar to lend
pretender to claim; to attempt, intend
preterito past
previa previous
previsible foreseeable
primero first
principio principle; **al —** at first, in the beginning
prisa haste
privar to deprive
probar (ue) to prove; to test
proceder (*m.*) conduct

proceder to come from
procedimiento procedure
prójimo fellow man
promover to promote
pronto soon; **de —** suddenly
propietario proprietor
propio own
proponer to propose
proporcionar to provide
prosélito convert
proteger to protect
proveer to provide
próximo nearby; next
prueba proof
publicar to publish
pueblo people; town
puerta door
pues well; then; since
puesto position, post; **— que** since, given that
pulpería general store
punto point
puñal (*m.*) dagger
puño fist

que that; which; who
quedar to remain
quejar to complain
querella complaint
querer to want; **— decir** to mean
química chemistry
quizá(s) perhaps

ramo branch
rastreador tracker
rastro track
reaccionar to react
realizar to achieve
recibir to receive
recién recently
recoger to gather
recordar (ue) to remember
recorrer to tour
recurso resource
rechazar to reject
red (*f.*) net, network
redactar to edit

Spanish–English Vocabulary   197

redonda round; **a la —** around
regla rule
regocijo joy
reino kingdom
reír to laugh
relacionar to relate
relámpago lightning; sudden action
de relieve in relief
rentas income
reñir (i) to be at odds
repartir to distribute
de repente suddenly
repercutir to echo
repetir (i) to repeat
reprender to reprehend
requerir (ie) to require
resentirse (ie) feel the effects of
resorte (*m.*) expedient
respetar to respect
respirar to breathe
resplandeciente resplendent
restringir to restrict
resuelto resolute
resumir to sum up
retrasado backward
retroceder to go back
retrógrada reactionary
reunirse to gather together; to meet
revista magazine
rico rich
riesgo risk
río river
riqueza wealth
ritmo rhythm
robar to rob
rodear to surround, go around
romance novel
romper to break
ropa clothing
ruido noise

saber to know
a sabor at ease, pleasing
sacar to take out, draw out
sacerdote (*m.*) priest
sacrificar to sacrifice
sala reception room

salida exit
salir to leave, go out; to emerge
salud (*f.*) health
salvaje (*m.*) savage
salvar to save
sangre (*f.*) blood
santificar to sanctify
santo saint; holy (*adj.*)
en seguida immediately
seguir to follow; to continue
según according to
segundo second
seguro security; sure (*adj.*)
semejante similar
semejarse (a) to resemble
sencillo simple
senda path
sensibilidad sensitivity
sentar to seat
sentido sense
sentir (ie) to regret; **—se** to feel
seña feature
señalar to indicate, point out
señora mistress, Mrs.
sequedad dryness
ser (*m.*) being
serio serious
servidor servant
si if
siempre always; **— que** provided that; whenever
siglo century
significar to signify, mean
sin without; **— embargo** nevertheless
sindicato labor union
sino but
sitio place
soberanía sovereignty
sobrar to be left over
sobre on; **— todo** above all
sobrevenir (ie) to take place
sobreviviente (*m.*) survivor
sobrevivir to survive
sobrio sober
solapado cunning
soledad solitude

soler (ue) to be accustomed to
solo alone; **sólo** only
someramente superficially
someter to submit
sonreír (i) to smile
soportar to support; to endure
sordo deaf
sorprender to surprise
sostener to sustain
sostenimiento support
suave soft
subrayar to underline
subsistir to subsist, endure
suceder to happen
sueldo salary
suelo soil
sueño dream
suerte (*f.*) luck
sufragio vote; suffrage
sugerir (ie) to suggest
suicidarse to commit suicide
sujetar to hold
sumamente extremely
superar to exceed; to overcome
superficie (*f.*) surface
supervivencia survival
por supuesto of course
sur south
surgir to arise
sustantivo substantive
sustentar to support
sustento sustenance

tal such; **— vez** perhaps
también also
tampoco neither
tan so
tanto so much; **por —** therefore
tarde late
tarea task
técnica technology; technique
técnico technician
temer to fear
temor (*m.*) fear
templado temperate; tempered
temporada period of time

tender (ie) to tend
tener (ie) to have; **— lugar** to take place; **— que ver con** to have to do with
tentar to tempt
teoría theory
tercer (*m.*) third
terminar to end
término term, period
terreno area
testigo witness
tiempo time
tierra land
tifo typhus
tinte (*m.*) tint, hue
tirar to pull
título right, title, deed
tocar to befall
todavía still
todo all
tomar to take
toro bull
torpe slow
trabajar to work
traducir to translate
traer to bring
traidoramente treacherously
traje (*m.*) suit
tras after
trastorno disorder
tratado treatise
tratar to treat; **— de** to try to; to deal with
a través de through
trazar to trace; to devise
tren (*m.*) train
tronco trunk
turbio unsettled

último last
único only
unir to unite
unos cuantos a few
urna ballot box
útil useful

Spanish–English Vocabulary

vado ford
valer to be worth; **— la pena** to be worthwhile
valor (*m.*) value
valoración value
valle (*m.*) valley
vecindad neighborhood
vecino neighbor
velar to watch over
vencer to conquer
vender to sell
vengar to revenge
venir (ie) to come
ventaja advantage
ver to see
de veras really, truly
verdad truth
verosímil likely
vestidos clothing
vestir (i) to dress, wear
vez (*f.*) time; **a la —** at the same time; **en — de** instead of; **cada — más** more and more; **a su —** in his turn

vía way, road; **en — de** on the road to
viajar to travel
vicio vice
vida life
viejo old
viento wind
vigencias uses
vinculación linkage
vino wine
virtud virtue
viruela smallpox
vista view, vision
vivienda dwelling
vivir to live
voluntad will
volver to turn; to return
votación voting
voz (*f.*) voice
vulgar common, ordinary

ya already; **— no** not any more

ENGLISH–SPANISH VOCABULARY

to be able poder (ue)
abolish abolir
above por encima de; **— all** sobre todo
abroad exterior (*m.*)
accompany acompañar
accord acuerdo
according to conforme a, según
account cuenta
accumulation acúmulo
to be accustomed to soler (ue)
achieve lograr, alcanzar, realizar
acquire adquirir
acquisition consecución
add añadir
adequate adecuado
adulate adular
adult mayor de edad
advance avanzar
advantage ventaja
advise advertir (ie); **to be —able** convenir (ie)
affair asunto
after tras, después
again de nuevo
against contra
age edad
agreement acuerdo
aid auxilio
aim apuntar
alien ajeno
all todo
allege alegar
alleviate paliar
allow dejar
ally aliar
almost casi
alone solo
already ya
also también

although aunque
always siempre
ambassador embajador
amiability amabilidad
ancestor antepasado
ancient antiguo
anger cólera
another otro
answer contestar
anxiety afán (*m.*)
any algún; **not —** ningún; **not —body** nadie
apparently al parecer, aparentemente
appear aparecer, parecer (seem)
appearance aparición
apply aplicar
apprenticeship aprendizaje
approach acercar
area terreno
arise surgir
army ejercito
around alrededor, a la redonda
arrive llegar
arrogant altivo
as como
ask pedir (request); preguntar
assertion aseveración
assign asignar
assure asegurar
attached adscrito
attain alcanzar, lograr
attempt intentar, pretender
attend asistir (a)
attitude actitud
attract atraer
audacious audaz
audience auditorio
average medio
avoid evitar
await aguardar

201

ENGLISH–SPANISH VOCABULARY

awaken despertar (ie)
axis eje (*m.*)

backbone espina dorsal
backward atrasado, retrasado
backwardness atraso
bad malo
baggage bagaje (*m.*)
ballot-box urna
bandit bandido
bard cantor (*m.*)
base fondo
bathe bañar
be ser, estar, haber
beach playa
beard barba; —**less** imberbe
bearer portador
beautiful bello, hermoso
beauty belleza
because porque; —**of** por motivo de
befall tocar
before ante, delante, frente a
beget engendrar
begin empezar (ie); —**ing from** a partir de
behave comportar
being ente (*m.*), ser (*m.*)
belief creencia
believe creer
belong pertenecer
beneath bajo
benefit beneficio
besides además
better mejor
between entre
bitter amargo
blessed bendito
blind ciego
blood sangre (*f.*); —**relationship** consanguinidad
bloom florecer
body cuerpo
boil hervir (ie)
book libro
to be born nacer
both ambos

brain cerebro
brake frenar
branch ramo
branding hierra
brave valeroso
break romper; —**out** estallar
breathe respirar
breed engendrar
bring traer; —**about** efectuar; —**down** aterrar (ie); —**upon** acarrear
brother hermano
bull toro
burn arder
business negocio
but sino, pero
buy comprar

call denominar, llamar; **so** —**ed** llamado
camp campo (*mil.*)
campaign campaña (*mil.*)
capable capaz
capital capital
caprice capricho
car coche (*m.*)
care cuidado; **take** — cuidar
carry llevar
case caso; **in any** — de todos modos
cataract catarata
cattle ganado
cease cesar
cell célula
census censo
century siglo
chain cadena
change cambiar
chapel capilla
chapter capítulo
character personaje (*m.*)
charity caridad
chemistry química
chief jefe (*m.*)
child niño
children niños, hijos

chivalry caballería
choose elegir
chorus coro
church iglesia
cigarette cigarrillo
cite citar
citizen ciudadano
city ciudad
claim pretender
clarify aclarar
clash chocar
clergy clero
close cerrar
clothing ropa, vestidos
cold frío
collect (debt) cobrar, recoger
colonist colono
come venir (ie); — **from** proceder
comfortable cómodo
coming advenimiento
commit cometer
common vulgar
companion compañero
competition competencia
complain quejar
complaint querella
complex complejo
compose integrar, componer
compress comprimir
concern preocupar
make concrete concretar
condemn condenar
conduct conducir
conduct proceder (*m.*)
confidence confianza
confident confiado
confront enfrentar
confuse confundir
conjugate conjugar
conquer conquistar, vencer
consolation consuelo
constitute constituir
construct construir
contemporary actual
content contenido
continue seguir (i)
contract contrato

contrary inversa; **on the —** a la inversa, en contrario
control manejar
convert prosélito
council consejo
count contar (ue); **— on** contar con
country país (*m.*), patria (*f.*)
countryside campaña, campo
course curso; **of —** desde luego, por cierto, por supuesto
courteous cortés
cover cubrir
covering envoltura
create crear
creed credo
crime crimen (*m.*)
criticism crítica; **self- —** autocrítica
cross cruzar
crowd muchedumbre (*f.*)
crush arrollar
cry llorar; **— out** clamar
culture cultura; **lack of —** incultura
cunning solapado
custom costumbre (*f*).
cut cortar

dagger puñal (*m.*)
dance bailar
danger peligro
dare osar
dark obscuro
day día (*m.*)
deaf sordo
deal with tratar de
death muerte (*f.*)
decade decenio
decompose descomponer
decorum decoro
decree decretar
deed hazaña
deed (legal) título
degree grado
delight deleitar
demand exigir
demonstrate demostrar (ue)
denude desnudar
deny negar (ie)

deprive privar
desire desear
desperate desesperado
destiny destino
destroy destrozar, destruir
detach despegar
detail detalle (*m.*), pormenor (*m.*)
detain detener (ie)
develop desenvolver (ue), desarrollar
devil diablo
devise trazar
devoid desprovisto
diamond diamante (*m.*)
dictate dictar
dictatorship dictadura
die morir (ue)
differ discrepar
dignified digno
diminish disminuir
direct dirigir
disagree discrepar, no estar de acuerdo
disappear desaparecer
discover descubrir
dish plato
disorder trastorno, desorden
disintegration disgregación
dispose disponer
dissipate disipar
distant lejos, lejano
distinguish distinguir
distress aquejar; **to feel —** angustiarse
distribute distribuir, repartir
district barrio (neighborhood), pago (rural), distrito
distrust desconfianza
do hacer; **to have to — with** tener (ie) que ver con
doctor médico
dome bóveda
domination imperio, dominación
door puerta
doubt duda
drag arrastrar; **— down** arrastrar
drain apurar
draw dibujar; **— out** sacar

dream sueño
dress vestir (i)
drink beber, tomar
drunken crapuloso, borracho
dryness sequedad
during durante
duty deber (*m.*)
dwelling vivienda

each cada
earn ganar
earning ganancia
easy fácil
echo repercutir
edge borde
edit redactar
effect efectuar; **feel the — of** resentirse (ie)
efficiency eficacia
efficient eficaz
effort esfuerzo
emanate emanar
emerge salir
employer patrono
employment empleo
enclose encerrar
encounter encontrar (ue)
end acabar, terminar
end cabo, fin (*m.*)
endow dotar
endure aguantar, soportar, resistir
enjoy disfrutar, gozar
enough bastante; **to be —** bastar
enrich enriquecer
enterprise empresa
entirety conjunto
entrust confiar
environment ambiente, medio
epoch era
equality igualdad
essay ensayo
establish establecer, fundar
estate (large) latifundio
esteem estimar
even aun
event acontecimiento

everywhere dondequiera, por todas partes
evil mal, maligno
evocative evocador
example ejemplo
exceed superar
execute ejecutar
executor ejecutor
exercise ejercer
exercise ejercicio
exert afanar
exertion esfuerzo
exit salida
expedient conveniente, resorte (*m.*)
expel expulsar
experience experimentar
explain explicar
explode estallar
exploit explotar
exploiting explotador
extract extraer
extremely sumamente
eye ojo

face cara
face enfrentar; **come — to —** encararse; **in the — of** frente a
fact hecho
factory fábrica
fail fallar
failure fracaso
faithful fiel
fall caer
far lejos; **to be — from** distar; **inso— as** en cuanto a
farm finca, granja
fatal funesto
fate destino
fear miedo, temor (*m.*)
fear temer, tener (ie) miedo
feature seña
feed alimentar
feel sentirse (ie)
fertile fecundo
few poco; **a —** unos cuantos
field campo
fight luchar

fill llenar
find encontrar (ue), hallar
fine fino, multa (penalty)
finger dedo
fire fuego
first primero; **at —** al principio
fist puño
fit caber
fix fijar
fixed fijo
flag bandera
flee huir
fleet flota (naval)
fleeting fugaz
flow fluir
focus foco
follow seguir (i)
foot pie (*m.*)
footprint pisada
force fuerza
force forzar (ue); **directing —** directriz (*f.*)
ford vado
foregoing anterior
forehead frente (*f.*)
foreign extranjero
foresee preconizar
foreseeable previsible
forest bosque (*m.*)
forget olvidar
found fundar
foundation fondo
fourth cuarto
free librar
free libre, gratuito
friendship amistad
from desde
in front of delante
fulfill cumplir
full lleno
future futuro, porvenir (*m.*)

game juego, partida
gather recoger; **— together** reunirse
generally por lo general
gentleman caballero
Germany Alemania

gesture gesto
gigantic gigantesco
girl muchacha
give dar
given that puesto que
glass copa
go andar (machine), ir; **— around** rodear; **— astray** descarriarse; **— away** marcharse; **— back** retroceder; **— out** salir
goal meta
god dios
goods bienes
Gospel Evangelio
gothic gótico
govern gobernar (ie)
grant otorgar
growing creciente
growth crecimiento
guarantee garantizar
guest huésped (*m.*)
guide conducir, dirigir
guide baquiano

hair pelo
half medio
hand mano (*f.*); **on one —** por un lado; **on the other —** en cambio, por otra parte, por otro lado
handle manejar
handsome hermoso
happen acontecer, suceder
happiness alegría
happy alegre, feliz
hard duro
hardly apenas
harm daño
harmonizable armonizable
haste prisa
hate odiar
have tener (ie), haber
head cabeza; **—board** cabecera
health salud
hear oír
heat calor (*m.*)
Hebrew hebreo
help ayudar

here aquí
heritage herencia
hesitate vacilar
hidden oculto
hide esconder
hierarchy jerarquía
high alto
hit on dar en
hold sujetar
holy bendito, santo
home casa
hope esperar
horse caballo; **—man** paladín, caballero, jinete
house casa
hue tinte (*m.*)
humble humilde
hundreds centenares
hunger hambre (*m.*)
hungry hambriento
hut bohío

if si
illiteracy analfabetismo
illiterate analfabeto
ill-will animadversión
image imagen (*f.*)
immediately en seguida
immovable inmóvil
imply implicar
important importante; **to be —** convenir (ie)
impose imponer
imposing imponente
improve mejorar
impunity impunidad; **with —** impunemente
include incluir
income renta
increase aumentar, exacerbar
Indian indio
indicate indicar, señalar
indication índice (*m.*)
indigenous indígena
indoctrinate adoctrinar
industrialist industrial
inescapable insalvable

infamous infame
inhabit habitar
inherit heredar
inscribed inscrito
instead of en vez de
intend pretender
intruder intruso
invention invento
invest invertir (ie)
investment inversión
involve envolver (ue)
island isla; **small —** islote (*m.*)
isolate aislar

jail cárcel (*f.*)
January enero
jeweler joyero
Jewish judío
join juntar
joint articulación
joke burlar
joy júbilo, regocijo
judge juez (*m.*)
judge juzgar
judgement juicio
just: to have — acabar de; **— as (like)** así como

kettle caldera
key (geog.) cayo
kill matar
kind género; **of any —** cualquiera
kindness amabilidad
kingdom reino
knight caballero, paladín
know conocer, saber
knowledge conocimiento

lack carecer, faltar
lacking desposeído
land tierra
language idioma, lengua
large grande
last último
last durar
lasting duradera
late tarde
laugh reír

law ley (*f.*)
lead conducir, dirigir, capitanear
leader líder
league legua
lean apoyarse en
learn aprender
least menos; **at —** por lo menos
leave dejar, marcharse, salir
left izquierda; **to be — over** sobrar
leg pierna
lend prestar
less menos
lesson lección
let dejar
library biblioteca
life vida
light ligero
lightning relámpago
like como
likely verosímil
link enlazar
linkage vinculación
little poco
live vivir
living vivo; **— together** convivencia
locate colocar
lodging alojamiento
long largo
look: — at mirar; **— for** buscar
lose perder
loss pérdida
low bajo
lower inferior
loyalty lealtad
luck suerte (*f.*)
lull arrullar
luxury lujo

machine máquina
machinery equipo
magazine revista
mainly mayormente
maintain mantener (ie)
make hacer; **— up** integrar; **— out** divisar
man hombre (*m.*); **fellow —** prójimo
manage manejar

manner medio; **in this —** así
mannerisms modales
March marzo
mass aglomeración
master amo, dueño
material materia; **raw —** materia prima
matter materia
mature maduro
meager escaso
mean querer decir, significar
means medios; **by — of** mediante
measure medida
meet reunirse
meeting reunión (*f.*)
member miembro
merchandise mercancía
middle medio, mitad (*f.*)
mile milla
mind mente (*f.*)
minor menor
minority minoría
miracle milagro
misfortune desgracia
mistaken equivocado
mistress (Mrs.) señora (Sra.)
mix mezclar
monkey mono
monster monstruo
more más; **— and —** cada vez más; **not any —** ya no
morning mañana
mother madre (*f.*)
motive móvil (*m.*)
mount montar
mountain montaña, monte (*m.*)
move mover (ue)
movies cine
much mucho; **how —** cuánto; **so —** tanto
museum museo
myth mito

name nombre (*m.*)
name denominar, nombrar, llamar
native indígeno
nature índole, naturaleza

near cerca
nearby cercano, próximo
necessarily forzosamente
necessary menester, preciso
need necesitar
neglect descuidar
neighbor vecino
neighborhood barrio, vecindad
neither ni, tampoco
nerve nervio
net red (*f.*)
network red (*f.*)
never jamás, nunca
nevertheless sin embargo
new nuevo
newspaper periódico
next próximo; **— to** junto a
night noche (*f.*)
nobody nadie
noise ruido
noisy estruendoso
none ningún
nor ni
notice advertir (ie), notar
nourish nutrir
novel novela, romance
novelty novedad
now ahora
nowadays hoy día
nude desnudo
number número
nurse mamar

obey obedecer
obligation compromiso
observe advertir (ie)
obtain obtener (ie)
occupy ocupar
office oficina
often a menudo
oil aceite (*m.*)
old viejo
on en, sobre
only sólo, único
open abrir
operate manejar
opium opio

English–Spanish Vocabulary

oppose contrariar, oponer
opposite opuesto
oppress oprimir
order mandar, ordenar; **in — to** para
ordinary vulgar
other demás, otro
outside fuera
overcome superar
overflow desbordarse
own propio
owner dueño
ownership propiedad

painful penoso
painting pintura
pal compañero, compinche (*m.*)
paradise paraíso
park aparcar, estacionar
part parte; **on the — of** por parte de; **take — in** concurrir
partisan partidario
passionate apasionado
past pasado, pretérito
path senda
pay pagar
payment pago; **advance —** anticipo
peaceful pacífico
peasant campesino
people pueblo
percent por ciento
perhaps quizá, tal vez
period término; **over a long —** a largo plazo
persecute perseguir (i)
physics física
picturesque pintoresco
piety piedad
pineapple piña
pity lástima
place lugar (*m.*), sitio
place colocar; **take —** efectuarse, sobrevenir (ie), tener (ie) lugar
plain (geog.) llano, llanura
planning planificación
please gustar, placer

pleasure placer (*m.*); **to give —** deleitar
pledge empeñar
play juego; **a role** desempeñar un papel
pocket bolsillo
poetry poesía
point punto; **high —** apogeo; **— out** apuntar, señalar
police patrol partida
poor humilde, pobre
populate poblar
position cargo, puesto
possess poseer
post cargo, puesto
poverty pobreza
power poder (*m.*), poderío, potencia
powerful poderoso
practice ensayo, práctica
practice practicar
praise alabanza
preceeding anterior
precisely justamente
prejudice prejuicio
prejudice perjudicar
present deparar, presentar
preserve conservar
press imprenta (printing), prensa
pressure presión
previous anterior
price precio
priest clérigo, sacerdote
principle principio
private particular
procedure procedimiento
promote promover
proof prueba
property bienes (*m.*), propiedad
propose proponer
proprietor propietario
protect proteger
prove comprobar (ue), probar (ue)
provide facilitar, proporcionar, proveer; **—ed that** siempre que
publish publicar
pull tirar
punish castigar

pursue perseguir (i)
push empujar
put colocar, poner; **— out** apagar

quality calidad
quantity cantidad
quarrel reñir (i)

rabble canalla
race raza
rage arrebato
railroad ferrocarril (*m.*)
raise levantar
rather más bien
reach alcanzar
react reaccionar
reactionary retrógrada
read leer
reader lector
reading lectura
realize darse cuenta de
really de veras
reason razón
receive recibir
recently recién
reception room sala
recognize reconocer
reflect reflexionar
reflex reflejo
refuse negarse (ie) a
regarding en cuanto a
regret sentir (ie)
reject rechazar
relate relacionar
relief relieve; **in —** de relieve
remain quedar, permanecer
remember recordar (ue)
remote apartado
rent alquiler (*m.*)
repeat repetir (i)
reprehend reprender
request pedir (i)
require requerir (ie)
resemble semejarse a
resolute resuelto
resource recurso
respect respetar

resplendent resplandeciente
rest descansar; **— on** apoyarse en
restrict restringir
return volver (ue), devolver (ue) (give back)
to revenge vengar
rhythm ritmo
rich rico
right (justice) derecho, razón, título
right (direction) derecha
risk riesgo
river río
road camino, vía; **on the — to** en vía de
rob robar
role papel (*m.*)
room cuarto, habitación
rule regla, imperio
run correr
rush lanzar

sacrifice sacrificar
saint santo
salaried asalariado
salary sueldo
same mismo
sanctify santificar
savage salvaje (*m.*)
save salvar
say decir (i)
scarce escaso
scholarship beca
school escuela
scourge azotar
seat asiento
seat sentar (ie)
second segundo
security seguridad; **social —** seguro social
see divisar, ver
seed gérmen (*m.*)
seem parecer
seize apoderarse de
select elegir, escoger
self mismo
sell vender
send mandar

sense sentido
sensitivity sensibilidad
sentence frase (*f.*); **pass —** fallar
separate desunir, separar
serious grave, serio
servant servidor, criado
set out encaminarse
setting marco
settlement población, poblado
sharp agudo
sharpen avivar
shepherd pastor
short corto
shoulder hombro
show demostrar (ue), mostrar (ue)
sickness enfermedad
side costado, lado
signify significar
silence mutismo, silencio
similar parecido, semejante
simple sencillo
sin pecado
since desde, pues, puesto que
sing cantar
singer cantor (*m.*), cantante
sink hundir
slander calumniar
slave esclavo
slavery esclavitud
slight ligero
slope ladera
slow despacio, lento, torpe
small corto, pequeño
smallpox viruela
smile sonreír (i)
so tan
soak empapar
sober sobrio
soft suave
soil suelo
solitude soledad
some algunos
something algo
soon pronto
soul el alma (*f.*)
source fuente (*f.*)
south sur

sovereign soberano
sovereignty soberanía
speak hablar
specific determinado
speech discurso
spill derramar
in spite of a pesar de
spread dilatar
squandering derroche (*m.*)
square cuadrar
staff cuadro
stage etapa
star estrella
start comenzar, empezar, poner en marcha
state estado
station estación, planta (radio, etc.)
step paso, pisada
still (alcohol) alambique (*m.*)
still aún, todavía
stimulate estimular
stimulus estímulo
stop dejar de, parar
store tienda; **general —** pulpería
strange extraño
stratification jerarquización
street calle (*f.*)
strength fuerza
strip desnudar
strong fuerte
study cursar, estudiar
submit someter
subsist subsistir
substantive sustantivo
substitute sustituir
succeed conseguir (i), lograr
success éxito
such tal
suck mamar
suddenly de pronto, de repente
suffer padecer, sufrir
suffrage sufragio
sugar (el) azúcar (*f.*); **— cane** caña
suggest sugerir (ie)
suicide suicidio; **commit —** suicidarse
suit traje (*m.*)

sum up resumir
superficially someramente
support apoyo, sostenimiento
support apoyar, soportar, sustentar
suppress suprimir
sure seguro
surface superficie (*f.*)
surpass oneself desbordarse
surplus excedente (*m.*)
surprise sorprender
surround rodear
survival supervivencia
survive sobrevivir
survivor sobreviviente
sustain sostener
sustenance sustento
sweep barrer

table mesa
tail cola
take tomar; **— away** despojar, llevar, quitar; **— out** sacar; **— the road** encaminarse
talk hablar
tape cinta
task tarea
taunt burlar
tax alcabala
teach enseñar
teacher maestro, profesor
team equipo
technician técnico
technique técnica
technology técnica
tell decir (i)
temperate templado
tempered templado
tempt tentar
tend tender (ie)
term término
test ensayo
test probar (ue)
thanks gracias
that que
then entonces, pues
theory teoría
there allí; **— is** hay

therefore de ahí, por eso, por tanto
thief ladrón (*m.*)
thing cosa; **to be a good —** convenir (ie)
third tercer
thought pensamiento
through a través de
throw arrojar, lanzar
thus así
time tiempo, vez; **period of —** temporada; **at the same —** a la vez
tire cansar
title título
today hoy
together junto
tongue lengua
tour recorrer
toward hacia
town población
toy juguete (*m.*)
trace trazar
track huella, rastro
tracker rastreador
train tren (*m.*)
translate traducir
travel andar, viajar
treacherously traidoramente
treat tratar
treatise tratado
tree árbol (*m.*)
trial ensayo, prueba
truly de veras
trunk tronco
truth verdad
try tratar de
turn volver; **in his —** a su vez
twin gemelo
typhus tifo

unbreakable inquebrantable
uncertain incierto
under bajo
underline subrayar
understand comprender, entender (ie)
understanding inteligencia

unfaithful infiel
unfortunate desafortunado, desgraciado
uninhabited despoblado
union unión; **labor —** sindicato
unite unir
unknown desconocido
unnoticed inadvertido
unpleasant desagradable
unsettled turbio
untamed indómito
until hasta
urge afán (*m.*)
use usar, utilizar; **to make — of** disponer
useful útil
uses vigencias

valley valle (*m.*)
value valor (*m.*), valoración
verbiage palabrería
verify comprobar (ue), averiguar
vice vicio
view vista
village aldea
villainy fechoría
virtue virtud
vision vista
voice voz (*f.*)
volume caudal (*m.*)
vote sufragio
voting votación

wait esperar
walk andar; **take a —** pasear
wander errar
want querer
war guerra
waste perder; **lay —** asolar
watch mirar, observar; **— over** velar

water agua; **— hole** aguada; **— supply** aguada
way vía, manera, medio
weak débil
wealth riqueza
wear llevar, vestir (i)
weight peso
well pues
wellbeing bienestar (*m.*)
when cuando
whenever siempre que
where donde
wherever dondequiera
which cual, que
whichever cualquier
while mientras
whip azotar
white blanco
who que
whole conjunto
whose cuyo
will albedrío, voluntad
win ganar
wind viento
wine vino
within dentro
without sin
witness testigo
woman mujer (*f.*)
word palabra
work labrar, obrar, trabajar
worker obrero, trabajador
world mundo
worry preocupar
worse peor
be worthwhile valer la pena
worthy digno
wrap envolver (ue)
write escribir

year año
young joven